# わかりやすい図解英語

## ―1週間で全基本―

工藤 三男
KUDO Mitsuo

文芸社

# はじめに

## "図解" とは？

① Why don't they read books?　　なぜ彼らは本を読まないのか？

この英文を普通の参考書のやり方、すなわち日本語で説明すると、例えば次のようになります。

② 「疑問詞（why）を使う疑問文。疑問詞が主語でない場合だから、疑問詞の後ろに一般疑問文の形が続いて〈疑問詞＋助動詞＋主語 … 〉という語順になっている」。

この例が示すように、英語の仕組みは日本語で説明するのが難しく、無理に説明しようとするとかえってわかりにくくなることがあります。この種の説明は、文法的事実を述べることが中心となるため特殊な用語が並んで肝心の文章構造が見えにくく、やみくもに覚えても実際の役には立ちません。

この本の題名は『わかりやすい図解英語』です。が、その "図解" は、既存の解説書にあるような "英語が使われる場面をイラストに描いて見せる" といったものではなく、"英語の**文章構造を図解**して見せる —— 建築物の構造を設計図で示すように" というものです。

例えば、上の英文の仕組みを、95ページの ◆ と同様のやり方で "図解" すると、こんな風になります

```
1.          They          read books.        彼らは本を読む。
2.          They do not  read books.         彼らは本を読まない。
            They don't   read books.
3.      Don't they        read books?        彼らは本を読まないのか？
4. Why don't they         read books?        なぜ彼らは本を読まないのか？
```

上の文法解説では ① の英語を ② の日本語が説明していますが、この "図解" では、英語を英語が説明しています。つまり、英文4が作られる仕組みを "**英文１～４ ＝ 図解**" が説明しています。これなら、文１が→２→３と段階的に変化して→４が作られる過程が**見える**ので、文４を文１の応用として実践的に理解することができます。

"図解" とは ——
英語を日本語で説明する普通の解説法に対して、日本語での説明は最小限に抑えて
**【英 語 自 身 に 自 ら を 説 明 さ せ る】**という新しい解説法の試みです。

2024年7月　　著者

# この本のおもな特徴と使い方

## ▶英語の文法が見える

　例えば、なぜ〈I comics read.〉<sub>私は　　マンガを　　読む</sub>と言わずに〈I read comics.〉<sub>私は　読む　　マンガを</sub>と言うのか、は p.12 で "図解" されています。

## ▶全基本が94ページに

　英語／英会話の基本習得に必要かつ十分な内容（中学〜高校で学ぶ基本事項のすべて）が94ページに収められているので〚☞次ページもくじ〛、読者は最小の時間と労力で最大の成果を得ることを期待できます。「**英語が苦手**」な人や膨大な量の暗記に苦しむ学生諸君の負担は大幅に軽減されるはずです。

## ▶例文 ＝ 練習問題

　例文は、理解度を確かめ深めるための練習問題として利用できます。英文と和訳が左右または上下に分割レイアウトされているので、その一方（一部）を隠すと、〈**英語⇆日本語**〉の言い換え練習がほぼ全ページでできるほか、例えば48ページでは〈**能動態⇆受動態**〉の転換練習を基本から応用へと段階的に行うことなども可能です。

## ▶やさしい言い換え

　難しい文法用語は可能な限りわかりやすく言い換えてあります。例えば ——
「時／条件」を表す副詞節 → とき節／もし節　　　☞ p24
関係詞の継続用法　　　　→ 関係詞のコンマ用法　☞ p91

## ▶細かな工夫も

　例文を容易に、正確に理解できるように、和訳などでいろいろな工夫をしています。下は99ページの例文です。

He said **nothing**.　　　（ゼロを言った⇒）<sub>ナッシング</sub><sup>say-said</sup>　何も言わなかった。

　これでも疑問が残る時は、辞書を引くとか、巻末の『さくいん』で類例を探すとかの努力を惜しまないこと！

# もくじ

# Day 1 ¹文の種類

　英文には下のような種類があります —— 「平叙文」は【主語 ＋ 動詞】で始まる基本形、**動詞ｉｓ**が主語の前に出れば「疑問文」、主語がなく動詞の原形で始まるのが「命令文」、"何て"で始まって"！"で終わるのが「感嘆文」です。

## ♪ 「文の種類」の全体像

【主語 動詞】☞p12

| 平叙文 | ：～だ | It **is** a U. ↘ |
|---|---|---|
| **一般疑問文** | ：～か？ | **Is** it a U? ↗ |
| 選択疑問文 | ：～それとも～？ | **Is** it a U ↗ or a V? ↘ |
| ｗｈ疑問文 | ：何？ / 誰？/など | What **is** it? ↘ |
| 付加疑問 | ：～でしょ | It is a U, **is**n't it? |
| 命令文 | ：～しなさい | **Be** careful. ↘ |
| 感嘆文 | ：何て～だろう！ | How big it **is**！↘ |

それは　[ユー]U だ。

それは　U か？
それは　U か、　　それとも V か？　☞ p8 **2**
それは　[ウァットゥ]何だ？　☞ p8 **3**

それは　[イズントゥ]U でしょ。　☞ p10

（[ケァフル]注意深く[ビ]あれ⇒）注意しなさい。　☞ p11 **5**

それは[ハウ ビッグ]何てでかいんだろう！　☞ p11 **6**

6

# 1 「一般疑問文」と「否定文」の作り方

| | 一般疑問文 の作り方 | 否定文 の作り方 |
|---|---|---|
| **be動詞** **助動詞** の場合<br>isなど canなど | **be / 助動詞** が主語の前に出る | **be / 助動詞** に *not* が付く |
| 一般動詞 の場合<br>be動詞以外 | "do / does / did" [ドゥ] [ダズ] [ディドゥ] の助けを借りる（動詞は 原形* になる） | |

**平叙文**

He **is** kind. ↘
She **can** swim.

You **play** golf.
He **plays** golf.
They **played** golf.

**否定文**

He **is** *not* kind. ↘
She **can** *not* swim.

You do *not* **play*** golf.
He does *not* **play*** golf.
They did *not* **play*** golf.

**一般疑問文**

**Is** he kind? ↗ ……Yes, he **is**. / No, he **isn**'t.
**Can** she swim? ……Yes, she **can**. / No, she **can**'t.

**Do** you **play*** golf? ……Yes, I **do**. / No, I **don**'t.
**Does** he **play*** golf? ……Yes, he **does**. / No, he **doesn**'t.
**Did** they **play*** golf? ……Yes, they **did**. / No, they **didn**'t.

彼は親切だ。[カインドゥ]
彼女は（泳ぐことができる⇒）泳げる。[キャン スウィム]
君は ゴルフをする。[プレイ]
彼は ゴルフをする。◇plays ☞p19 ❻ [プレイズ]
彼らはゴルフをした。[ゼイ][プレイドゥ]

彼は親切じゃない。
彼女は泳げない。◇can *not* はまれ。[キノットゥ][キャン ノットゥ]
君は ゴルフをしない。
彼は ゴルフをしない。
彼らはゴルフをしなかった。

彼は親切か？ …… はい、親切です。／ いいえ、親切じゃありません。
彼女は泳げるのか？ …… はい、泳げます。／ いいえ、泳げません。[キャントゥ]
君は ゴルフをするのか？…… はい、します。 ／ いいえ、しません。[ドントゥ]
彼は ゴルフをするのか？…… はい、します。 ／ いいえ、しません。[ダズントゥ]
彼らはゴルフをしたのか？…… はい、しました。／ いいえ、しませんでした。[ディドゥントゥ]

## ② 選択疑問文：A or B?　Is it a he↗ or a she?↘
それとも　[オァ]

| | | | |
|---|---|---|---|
| **Do** | you | **sleep** on a futon? ↗ | 布団で寝るのか？ [スリープ] |
| Yes, | I | (**sleep** on a futon⇒) **do.** | はい、（布団で寝る⇒）そうです。 |
| **Do** | you | **sleep** <u>on a futon</u> ↗ **or** <u>in a bed?</u> ↘ | 布団で寝るのか、**それとも** <u>ベッド〔で〕</u> か？ |
| | I | **sleep** on a futon. | 布団で寝ます。 |

## ③ wh疑問文（疑問詞疑問文）　Why do you want it? ↘ ※
[ウァイ]　[ウォントゥ]
なぜ君はそれが欲しいのか？

疑問詞（**what**/**who**/**when**/**where**/など）を最初に言う。文末の発音は平叙文と同じ（↘）になる。
なに　だれ　いつ　どこ
[フー][ウェン][ウェア]
☞p6

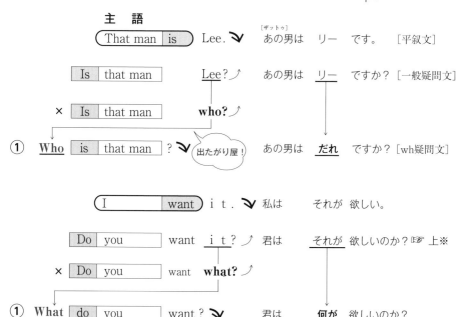

| | 主　語 | | | |
|---|---|---|---|---|
| | (That man | is) | Lee. ↘ | あの男は　リー　です。　[平叙文] |
| | Is | that man | Lee? ↗ | あの男は　リー　ですか？ [一般疑問文] |
| × | Is | that man | **who?** ↗ | |
| ① <u>Who</u> | is | that man | ? ↘ | あの男は　**だれ**　ですか？ [wh疑問文] |

出たがり屋！ [ザットゥ]

| | | | | |
|---|---|---|---|---|
| | (I | want) | i t . ↘ | 私は　それが　欲しい。 |
| | Do | you | want <u>i t ?</u> ↗ | 君は　<u>それが</u> 欲しいのか？☞ 上※ |
| × | Do | you | want **what?** ↗ | |
| ① <u>What</u> | do | you | want ? ↘ | 君は　**何が** 欲しいのか？ |

8

## ▶ 2種類のwh疑問文

He said so. ↘
彼は（彼が）そう言った。

Who said so? ↘
誰がそう言ったのか？

**wh疑問文**の形は下の ① と ❷ に分かれる（前ページの例文は ①）。

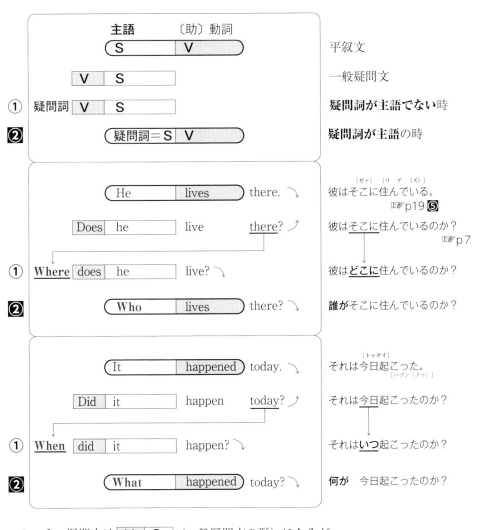

|  | 主語 〔助〕動詞 | |
|---|---|---|
|  | S V | 平叙文 |
|  | V S | 一般疑問文 |
| ① | 疑問詞 V S | **疑問詞が主語でない**時 |
| ❷ | 疑問詞＝S V | **疑問詞が主語**の時 |

|  |  | |
|---|---|---|
|  | He lives there. ↘ | 彼はそこに住んでいる。☞p19❺ |
|  | Does he live there? ↗ | 彼はそこに住んでいるのか？☞p7 |
| ① | Where does he live? ↘ | 彼はどこに住んでいるのか？ |
| ❷ | Who lives there? ↘ | 誰がそこに住んでいるのか？ |

|  |  | |
|---|---|---|
|  | It happened today. ↘ | それは今日起こった。 |
|  | Did it happen today? ↗ | それは今日起こったのか？ |
| ① | When did it happen? ↘ | それはいつ起こったのか？ |
| ❷ | What happened today? ↘ | 何が 今日起こったのか？ |

ふつう、疑問文は V S （一般疑問文の形）になるが、
❷ **疑問詞が主語の時は例外**で、 S V （平叙文の形）になる。

# 4 付加疑問：〜でしょ　You are sleepy, aren't you?

付加疑問は平叙文 〖☞p6〗 の最後に置かれ、「〜でしょ；だろう；だよね」などの意味を表す。

## ▶ 肯定文 には ⟹ 否定 の付加疑問（"n't" を付ける）

It **is** yours, **isn't** it?　　それはあなたのものでしょ。

Mari **can** read music, **can't** she?　　真理は楽譜を読めるんでしょ。

◇ 付加疑問の主語は代名詞（she）にする。

You (like) Tom, (don't) you?　　トムが好きなんでしょ。

◇ (like) の否定は **don't** like

He (has) a car, (doesn't) he?　　彼は車を持ってるよね。

◇ (has) の否定は (doesn't) have

Taro (knew) it, (didn't) he?　　太郎は知ってたんだろう。

◇ (knew) の否定は (didn't) know

## ▶ 否定文 には ⟹ 肯定 の付加疑問（"not / n't" を取るだけ）

It **is not** yours, **is** it?　　それはあなたのものじゃないでしょ。

Mari **can't** read music, **can** she?　　真理は楽譜を読めないんでしょ。

You **don't** like Tom, **do** you?　　トムが好きじゃないんでしょ。

He **doesn't** have a car, **does** he?　　彼は車を持ってないよね。

Taro **didn't** know it, **did** he?　　太郎は知らなかったんだろう。

文末の発音は、自分の発言に自信があれば下降調 ↘、なければ上昇調 ↗ になる。
You **are** sleepy, **aren't** you? ↘　　眠いんだろう（さっさと寝ろ）。↘
You **are** sleepy, **aren't** you? ↗　　眠いんでしょ（違う？）。↗

## 5 命令文：〜しなさい　Come here. ここに来い（来なさい；おいで；来てちょうだい）。
[カム] [ヒァ]

命令文：**主語がなく** 動詞原形 ☞p19 で始まる。「〜しなさい」などの意味を表す。

平叙文：She **works** hard.　彼女は一生懸命に努力する（働く；勉強する）。
☞p6　　　 **Work** hard.　一生懸命に努力しなさい。
[ワークス]

　　　　*Don't* **give** up.　あきらめるな；あきらめないで。
[ギブ アップ]

◆ *Don't* 原形 ：〜するな［否定の命令文］

平叙文：He **is** careful.　彼は注意深い（慎重だ）。　◇Be ☞p20
　　　　 **Be** careful.　（注意深くあれ⇒）注意しなさい；注意して。
[ケァフル]

## 6 感嘆文：何て〜だろう！　**What** a good idea 〔it is〕！
[グッドゥ] [アイディア]

【それは】何ていいアイデアなんだろう！

感嘆文の形は下の ❶ と ❷ に分かれる。主語 S と動詞 V（文末）はよく【省略】される。

❶ ……………………………… **very** 1語 が……
[ベリ] とても

**How** 1語 に変わって文頭に出る ……………《How 1語》型
[ハゥ] 何て

　　　　　 S　V
　　　　　 He　is　**very** busy .　彼はとても忙しい。
[ビズィ]

**How** busy 　he　is!　彼は何て　忙しいんだろう！

　　　　　 She　runs　**very** fast .　彼女はとても速く走る。
[ファストッ] [ラン（ズ）]

**How** fast 　she　runs!　彼女は何て　速く走るんだろう！

❷ ……………………………… a **very** 2 語 が……
[ベリ] とても

**What** a 2 語 に変わって文頭に出る…………《What a 2語》型
何て

　　　　　 He　is　a **very** busy man .　彼はとても忙しい男だ。
**What** a busy man 　he　is!　彼は何て　忙しい男なんだろう！

　　　　　 She　has　**very** big eyes .　彼女はとても大きな目をしている。
[アイ（ズ）]
複数形　　　　　　　　　　　　　　　　eye (s)

**What** big eyes 　she　has!　彼女は何て　大きな目をしているんだろう！

# Day 1 ²文のかたち

　英文は原則として〈主語＋動詞〉で始まります。そして、その後ろにどのような語が続くかで、大まかに５種類の基本パターン＝「５文型」に分類することができます。下の全体像では、**《主語の次は動詞》**だということに注目！　──〈 [アイ] I [ユー] you [ラブ] love 〉ではなく《 I love you 》！
私は あなたを 愛する
私は 愛する あなたを

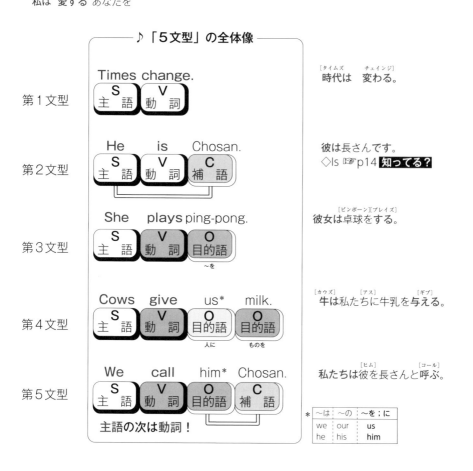

♪──「５文型」の全体像──

第１文型
Times change.
S 主語　V 動詞
[タイムズ] [チェインジ]
時代は 変わる。

第２文型
He is Chosan.
S 主語　V 動詞　C 補語
彼は長さんです。
◇Is ☞p14 知ってる？

第３文型
She plays ping-pong.
S 主語　V 動詞　O 目的語
〜を
[ピンポーン][プレイズ]
彼女は卓球をする。

第４文型
Cows give us* milk.
S 主語　V 動詞　O 目的語　O 目的語
人に　　ものを
[カウズ] [アス] [ギブ]
牛は私たちに牛乳を**与える**。

第５文型
We call him* Chosan.
S 主語　V 動詞　O 目的語　C 補語
主語の次は動詞！
[ヒム] [コール]
私たちは彼を長さんと**呼ぶ**。

|  | 〜は | 〜の | 〜を；に |
|---|---|---|---|
| * | we | our | us |
|  | he | his | him |

「５文型」に当てはまらない文もある。例えば──

Good morning, Mr. President.
[ミスタ プレズィデントゥ]
大統領、お早うございます。

So what? / Achoo! / Ouch!
[ソウ ウァットゥ] [アチュー] [アウチ]
だから何だ？ / ハクション！ / 痛！

# 1 第1文型 ⬚S⬚ ⬚V⬚　Who **farted**?
[ファートゥ (ティドゥ)]
（誰がへをした⇒）おならをしたのは誰？

　　文の**骨格**は ⬚主語S⬚ と ⬚動詞V⬚ だけで作られる。が、多くの場合は、その**骨格部分を説明する語句＝修飾語**が付け加えられる —— 例文**1**の修飾語は、＊1 どれくらいの頻度で／＊2 何のために／＊3 いつ「**行く**」のかを説明している。

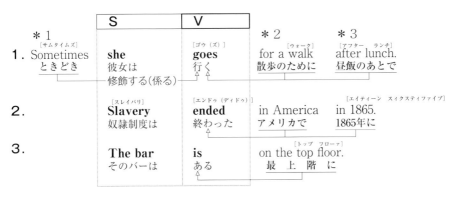

|  | S | V |  |  |
|---|---|---|---|---|
| ＊1 |  |  | ＊2 | ＊3 |
| 1. Sometimes<br>[サムタイムズ]<br>ときどき | she<br>彼女は<br>修飾する（係る） | goes<br>[ゴウ (ズ)]<br>行く | for a walk<br>[ウォーク]<br>散歩のために | after lunch.<br>[アフター ランチ]<br>昼飯のあとで |
| 2. | Slavery<br>[スレイバリ]<br>奴隷制度は | ended<br>[エンドゥ (ティドゥ)]<br>終わった | in America<br>アメリカで | in 1865.<br>[エイティーン スィクスティファイブ]<br>1865年に |
| 3. | The bar<br>そのバーは | is<br>ある | on the top floor.<br>[トップ フローァ]<br>最 上 階 に | |

|  | V | S |  | ☞ 注 |
|---|---|---|---|---|
| 4. There | is<br>[イズ]<br>ある | a bar<br>1軒のバーが | on the top floor.<br>最 上 階 に | |
| 5. There | are<br>いる | 8 people<br>[エイトゥ ピープル]<br>8人の人たちが | in my family.<br>[マイ ファミリィ]<br>私の家族の中に | |

go for a walk
1．ときどき、彼女は昼飯のあとで散歩に行く。◇goes　☞p19 ❻

2．アメリカの奴隷制度は1865年に終わった。

3．〔その〕バーは最上階にある。　◇3以下では、「存在」を意味する"be動詞"が使われている。

☞ 次ページ 知ってる?

4．最上階に〔1軒の〕バーがある。　　5．うちは8人家族だ。

**注** ⬚There is S⬚ ⬚Sがある⬚ ）"There is"構文　**There is** no food.
[ノゥ フードゥ]
（ゼロの食べ物がある⇒）　食べるものがない。
☞p99

　《**There is** S 〔…〕／**There are** S 〔…〕》は《〔…に〕**主語がある**》という意味を表す。特殊な第1文型で、"There is（are）"の後ろに主語Sが置かれる（There は意味がない）。

 Money **is** everything.
[マニ] [エブリシィング]
金がすべてだ。

動詞V の次に 補語C：主語とイコールになる語 が来る。

第2文型を作る動詞は2種類（be動詞：「イコール」の意味 / be以外：「イコール」の意味を含む）に分けられる。

―――― イコール ――――

| S：主語 | V：be動詞 | C：補語 |
|---|---|---|

| One and one | is | two | . |
|---|---|---|---|
| I | **am** | a cat | . |
| They | **are** | friends | . |

[ワン] [トゥ]
1＋1イコール2：　　☞ 知ってる？
1たす1は2だ（です）。
[わがはい] [イコール]
吾輩は〔＝〕猫である。
[フレンズ]
彼らは〔＝〕仲良しだ。

| S | V：be以外 | C |
|---|---|---|
| S | *become ; get* | C |
| S | *look* | C |
| S | *stay ; remain* | C |

[ビカム：ゲットゥ]
S＝Cになる
[ルック（ス）]
S＝Cのように見える
[ステイ；リメイン]
S＝Cのままでいる

| They | *became* | friends | . |
|---|---|---|---|
| He | *looks* | blue | . |
| We | can't *stay* | young | forever. |

[ビケイム]
彼らは〔＝〕仲良しになった。
[ブルー]
彼は〔＝〕憂うつそうに見える。
[フォレバ] [ヤング]
私たちは永遠に〔＝〕若いままでいる
ことはできない。
◇修飾語　☞ 前ページ

知ってる？ "be動詞"の意味は「イコール」と「存在」　　He **is** safe. / He **is** here.
[セイフ] [ヒァ]
彼は〔イコール〕無事だ。彼はここに（存在する⇒）いる。

| be動詞 | イコール ― 普通は「～です；～だ；～である」などと訳され、 |
|---|---|
| 現在形：am / is / are | 　　　　　時には「～になる」と訳すこともある。☞p23 A / p53 |
| 原形 ：be ☞p20 | 存在する ― 普通は「ある；いる」などと訳される。☞前ページ 3～5 |

## 3 第3文型 S V O  I hate studying.

私は勉強（することを嫌う⇒）が嫌いだ。
☞ 70

**動詞V** の次に **目的語O** が来る。

**目的語は、「 ◯ を〜する」という時の ◯ である場合が多い。**

| S | V | O：目的語 | | | | |
|---|---|---|---|---|---|---|
| ① I | respect | you | . | 私は | あなた［リスペクトゥ］ | を尊敬する。 |
| We | support | the plan | . | 我々は | その計画［プラン］ | を支持する。 |
| My dad | has | 10 guns | . | 親父は［ダッドゥ］ | 10丁の銃［テン ガン（ズ）］ | を持っている。 |
| It | resembles | a starfish | . | それは［スターフィッシ］ | ヒトデ | resemble［リゼンブル（ズ）］ に似ている。 |
| She | likes | rich men | . | 彼女は | 金持の男［リッチ メン］ | が好きだ。 |

◇単数：man ／ 複数：men

## ▶他動詞と自動詞

↙ **目的語**を必要とする動詞（他動詞の「他」は「目的語」のこと）

| S | V＝他動詞 | O：目的語 | | | |
|---|---|---|---|---|---|
| ● I | respect | ? | 私は | ? | を尊敬する。 |
| We | support | ? | 我々は | ? | を支持する。 |
| My dad | has | ? | 親父は | ? | を持っている。 |
| It | resembles | ? | それは | ? | に似ている。 |
| She | likes | ? | 彼女は | ? | が好きだ。 |

↙ 目的語を必要としない動詞

| S | V＝自動詞 | | |
|---|---|---|---|
| ② S | appear | 主語は | 現れる［アピア］ |
| S | fall | 主語は | 落ちる［フォール］ |
| S | happen | 主語は（が） | 起こる［ハプン］ |
| S | poop | 主語は | うんちをする［プープ］ |

◇第1文型

◇修飾語が加わるなどして完全な文になる。

　①の各動詞は、●に示すとおり、目的語を除くと意味が通じなくなる。このように、**目的語** を必要とする動詞を **他動詞** という（第3〜5文型の動詞）。一方、②の各動詞は目的語なしで文が成立する。このように、目的語を必要としない動詞を **自動詞** という（第1・第2文型の動詞）。 ☞p12

# 4 第4文型  S V O O  He **gave** me this.

人に　ものを　　　彼は私にこれをくれた。

**動詞** の次に **人に** **ものを** が続く。この文型で使われる動詞は2種類に大別できる。

▶ 《give》グループ── 人に・ものを《与える》

| S | give : 与える<br>show : 見せる<br>tell : 話す | 人に | ものを |
|---|---|---|---|

◇will 🖙p26 ❷

| I | will **give** | him | this | . | 彼にこれを与えよう。 |
|---|---|---|---|---|---|
| He | **showed** | the doctor | the wound | . | 彼は医者にその傷を見せた。 |
| I | **told** | the police | everything | . | 私は警察にすべてを話した。 |

▶ 《buy》グループ── 人のために・ものを《買ってやる（買ってくれる）》

| S | buy : 買ってやる<br>make : 作ってやる<br>find : 見つけてやる | 人のために | ものを |
|---|---|---|---|

| I | will **buy** | him | this | . | 彼（のため）にこれを買ってやろう。 |
|---|---|---|---|---|---|
| He | **made** | me | a yukata | . | 彼は私（のため）に浴衣を作ってくれた。 |
| I | **found** | him | a job | . | 私は彼（のため）に仕事を見つけてやった。 |

「人」と「もの」の位置は交換可能。後ろに移された「人」には〈 **to** 〉または〈 **for** 〉が付く。

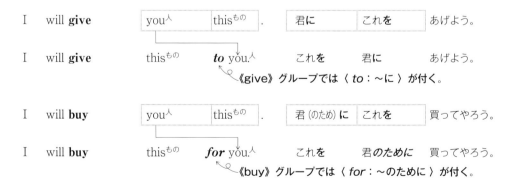

| I | will **give** | you人 | this もの | . | 君に | これを | あげよう。 |
|---|---|---|---|---|---|---|---|

| I | will **give** | this もの | **to** you. 人 | | これを | 君に | あげよう。 |
|---|---|---|---|---|---|---|---|

《give》グループでは〈 **to**：～に 〉が付く。

| I | will **buy** | you人 | this もの | . | 君（のため）に | これを | 買ってやろう。 |
|---|---|---|---|---|---|---|---|

| I | will **buy** | this もの | **for** you. 人 | | これを | 君のために | 買ってやろう。 |
|---|---|---|---|---|---|---|---|

《buy》グループでは〈 **for**：～のために 〉が付く。

16

# 5 第5文型 S V O C  I named her Eve.
[ネイム (ドゥ)]  [イーブ]

私は彼女をイブと名づけた。

動詞 の次に 目的語O ＝ 補語C が続く。第2文型の補語は主語とイコールに
なるが、この文型の補語は**目的語とイコール**になる。

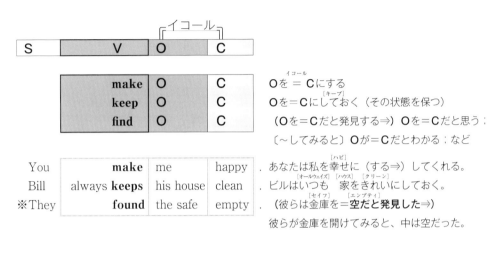

| S | V | O | C |
|---|---|---|---|

イコール

| | | O | C |
|---|---|---|---|
| | **make** | O | C |
| | **keep** | O | C |
| | **find** | O | C |

O を ＝ C にする
O を ＝ C にしておく（その状態を保つ）
（O を ＝ C だと発見する⇒）O を ＝ C だと思う：
〔～してみると〕O が ＝ C だとわかる：など

| You | | **make** | me | happy |
|---|---|---|---|---|
| Bill | always | **keeps** | his house | clean |
| ※They | | **found** | the safe | empty |

. あなたは私を幸せに（する⇒）してくれる。
. ビルはいつも　家をきれいにしておく。
. （彼らは金庫を＝**空だと発見した**⇒）

彼らが金庫を開けてみると、中は空だった。

## ▶いろいろな文型で使われる動詞

大事なのは意味 —— 意味がわかれば、「文型＝文法」はすでに理解できているということ。

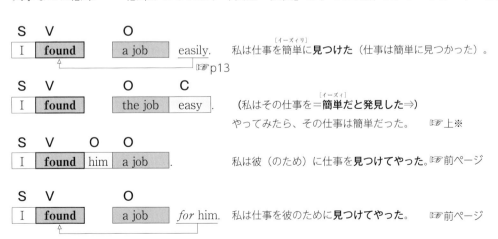

| S | V | | O | |
|---|---|---|---|---|
| I | found | | a job | easily. |

私は仕事を簡単に**見つけた**（仕事は簡単に見つかった）。
☞p13

| S | V | | O | C |
|---|---|---|---|---|
| I | found | | the job | easy |

（私はその仕事を＝**簡単だと発見した**⇒）
やってみたら、その仕事は簡単だった。　☞上※

| S | V | O | O | |
|---|---|---|---|---|
| I | found | him | a job | . |

私は彼（のため）に仕事を**見つけてやった**。☞前ページ

| S | V | | O | |
|---|---|---|---|---|
| I | found | | a job | *for* him. |

私は仕事を彼のために**見つけてやった**。　☞前ページ

**17**

# Day 1 ³節：文中の文

「節」とは「文中の文」、すなわち「文中で*〈s·v〉<sup>主語 動詞</sup>を中心にまとまった意味を表す所」のことです。 *〈s·v〉を2つ以上含む文の中で

## 1 主節と従属節

We know **that** space is infinite .
[ノウ] [ザットゥ] [スペイス] [インフィニトゥ]

私たちは宇宙空間が無限だ**ということを**知っている。

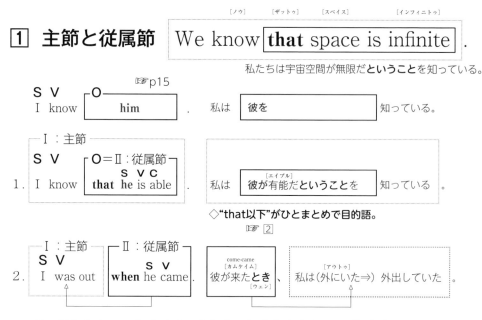

1. **O**の部分は〈s·v〉を中心にまとまった意味 を表すので、節（Ⅱ）。その**O**を含む文全体 私はS・知っているV・that以下を**O** も〈S·V〉を中心にまとまった意味を表すので節（Ⅰ）。Ⅰは文全体だから「主節」、Ⅱはその一部だから「従属節」という。
2. Ⅱは、Ⅰの「外にいた」がいつのことかを説明する修飾語なので、従属節。
☞p13

## 2 that節（that ～：～ということ）

**接続詞の that** で始まる節を"that節"というが、口語では that がよく〔省略〕される。
☞上1

# Day 1 <sup>4</sup> 動詞の変化

動詞は、下の５種類の形に変化します。それぞれの用法と意味に注意！

## 1 一般的な動詞の変化 ──「変化」の全体像

| 動　詞　の　活　用　（　３　基　本　型　） | | | | 原形 + ing | |
|---|---|---|---|---|---|
| ①原形 | ❺現在形 | ②過去形 | ③過去分詞 | ④ing 形 | |
| [オウプン]<br>**open** | [ズ]<br>**open[s]** | [ドゥ]<br>**opened** | [イートゥン]<br>**opened** | [オウプニング]<br>**opening** | 開く　規則動詞 |
| [イートゥ]<br>**eat** | [イーツ]<br>**eat[s]** | [エイトゥ]<br>**ate** | [イートゥン]<br>**eaten** | [イーティング]<br>**eating** | 食べる ⎫<br>⎬ 不規則動詞 |
| [ゴウ]<br>**go** | [ズ]<br>**go[es]** | [ウェントゥ]<br>**went** | [ゴーン]<br>**gone** | [ゴウイング]<br>**going** | 行く ⎭ |

❺ I 　　[ eat ] 　it. 　　私は　食べる。|You / We / They/ He and she| eat …
　He 　　[ eats ] 　it. 　　彼は　食べる。|She / It / Ken / Emi / My dog| eats …
　　　　　　　　　　　　　　　　　　　　　　　　　　　[マイ　ドッグ]
　　　　　　　　　　　　　　　　　　　　　　　　　　　☞下 **現在形**

② I 　　[ ate ] 　it. 　　私は　食べた。
　He 　　[ ate ] 　it. 　　彼は　食べた。

③ I 　**have** 　[ eaten ] 　it. 　　私は　食べてしまった[姫]。◇have＋過去分詞＝現在完了 ☞p30
　It 　**is** 　[ eaten ] 　. 　　それは　食べられる。　　◇be＋過去分詞＝受動態 　☞p45

④ He **is** 　[ eating ] 　it. 　　彼は　食べている。　　◇be＋現在分詞＝進行形 　☞p28
　　　　　　　　　　　　　　　　　　　　　　　　　　　[スタートゥ (ティドゥ)]
　He started 　[ eating ] 　it. 　　彼は　食べ〔ることを〕始めた。◇動名詞 　☞p70

① 　　　　**Eat** 　it. 　　食べなさい。　　◇原形で始まる＝命令文 　☞p11
　　　　　　　　　　　　　　　　[ウィル イートゥ]
　He **will** 　eat 　it. 　　彼は　食べるだろう。　◇助動詞（will）＋原形 ☞p26
　　　　　　　　　　　　　　　　　　　　　　　　[ライク (ズ)]
　He likes **to eat** 　it. 　　彼は　食べる（ことを好む⇒）のが好きだ

　　　　　　　　　　　　　　　　　　　◇to＋原形＝不定詞 　☞p52 Ⓐ

**❺ 現在形**：**単数主語**※の時は、原形に"**s（es）**"が付く（※ **I / you** 以外）。

|He/ Mr.Sato| **goes** … 　　|She / A girl| **goes** … 　　|It / The window| **opens** …
|I / People| **go** … 　　|You / 2 girls| **go** … 　　The windows **open**
　[ピープル] 人々　　　　　　[トゥ ガールズ]　　　　　　　　　[ウィンドウ (ズ)]

# ②　"do / have / be"の特殊な変化

| 原形 | **現在形** | 過去形 | 過去分詞 | |
|---|---|---|---|---|
| do | do<br>(does [ダズ]) | did | done [ダン] | do と have の **現在形** は、**単数主語（I/you 以外）** のとき、 does has という特殊な形（発音）になる。☞前ページ❺ |
| have | have<br>(has [ハズ]) | had [ハッドゥ] | had | |
| be | am<br>is<br>are | was [ワズ]<br>were [ワー] | been [ビン] | be は、**現在形** が原形と全く違う形の 3種類 に分かれ、**過去形** も 2種類 に分かれる。 |

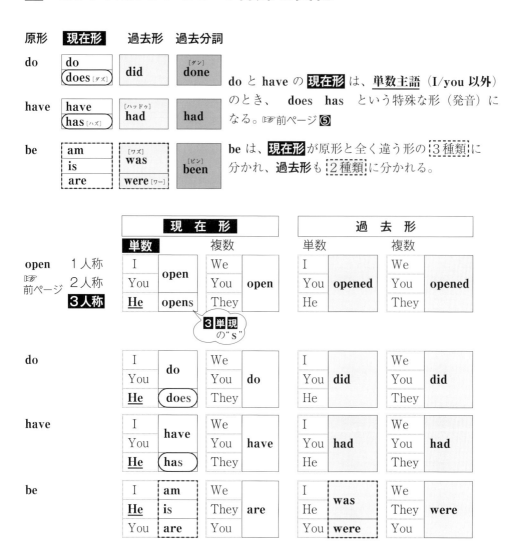

|  | | **現 在 形** | | 過 去 形 | |
|---|---|---|---|---|---|
|  | | **単数** 複数 | | 単数 複数 | |
| **open**<br>☞前ページ | 1人称<br>2人称<br>**3人称** | I<br>You `open`<br><u>He</u> `opens` | We<br>You `open`<br>They | I<br>You `opened`<br>He | We<br>You `opened`<br>They |

**3単現** の"s"

| **do** | | I<br>You `do`<br><u>He</u> (`does`) | We<br>You `do`<br>They | I<br>You `did`<br>He | We<br>You `did`<br>They |
|---|---|---|---|---|---|

| **have** | | I<br>You `have`<br><u>He</u> (`has`) | We<br>You `have`<br>They | I<br>You `had`<br>He | We<br>You `had`<br>They |
|---|---|---|---|---|---|

| **be** | | I `am`<br><u>He</u> `is`<br>You `are` | We<br>They `are`<br>You | I<br>He `was`<br>You `were` | We<br>They `were`<br>You |
|---|---|---|---|---|---|

**注**　1人称は「自分」を指す語、2人称は「相手」を指す語、3人称は「自分と相手以外のすべて」を指す語（**he, she, it, they**, など）。

# ♪do / have ── 動詞と助動詞の用法

(君は〔職業として〕何をするのか⇒) お仕事は何ですか?

## What *do* you **do**\*? ☞p8③

☞p14, 41

"do/have/be"は**動詞**と***助動詞*の両方に使われる**が、do と have の用法は注意を要する。

| do | ① | **動詞** | :「する」などの意味を表す。 |
|---|---|---|---|
| | ② | ***助動詞*** | :一般動詞の否定文と疑問文で使われる。動詞は原形\*になる。☞p7 |

| have | ③ | **動詞** | :「持っている」などの意味を表す。 |
|---|---|---|---|
| | ④ | ***助動詞*** | :完了形〈 ***have*** + 過去分詞 〉で使われる。 ☞p29 |

|  |  | ***助動詞*** | **動詞** |  |  |
|---|---|---|---|---|---|
| ① | You | | **do** | the housework. | 君は家事を　する。 [ハウスワーク] |
| | You | *do* not | **do**\* | the housework. | 君は家事を　しない。 |
| | *Do* | you | **do**\* | the housework? | 君は家事を　するのか？ ☞ページ冒頭の例文 |
| | He | | **does** | the housework. | 彼は家事を　する。 |
| | He | *does* not | **do**\* | the housework. | 彼は家事を　しない。 |
| | *Does* | he | **do**\* | the housework? | 彼は家事を　するのか？ |
| ② | You | | go | to church. | 君は教会に　行く。 [チャーチ] [ゴゥ(ズ)] |
| | You | ***do*** not | go\* | to church. | 君は教会に　行かない。 |
| | ***Do*** | you | go\* | to church? | 君は教会に　行くのか？ |
| | He | | goes | to church. | 彼は教会に　行く。 |
| | He | ***does*** not | go\* | to church. | 彼は教会に　行かない。 |
| | ***Does*** | he | go\* | to church? | 彼は教会に　行くのか？ |
| ③ | You | | **have** | a car. | 君は車を　　持っている。 |
| | You | *do* not | **have**\* | a car. | 君は車を　　持っていない。 |
| | *Do* | you | **have**\* | a car? | 君は車を　　持っているのか？ |
| | He | | **has** | a car. | 彼は車を　　持っている。 |
| | He | *does* not | **have**\* | a car. | 彼は車を　　持っていない。 |
| | *Does* | he | **have**\* | a car? | 彼は車を　　持っているのか？ |
| ④ | You | ***have*** | finished | it. | 君はそれを　終え〔てしまっ〕た。 [フィニシ(トゥ)] |
| | You | ***have*** not | finished | it. | 君はそれを　終えていない。 |
| | ***Have*** you | | finished | it? | 君はそれを　終えたのか？ |
| | He | ***has*** | finished | it. | 彼はそれを　終えた。 |
| | He | ***has*** not | finished | it. | 彼はそれを　終えていない。 |
| | ***Has*** he | | finished | it? | 彼はそれを　終えたのか？ |

21

# Day 2 時制

"現在・過去・未来"というような"時"を表す動詞の形を「時制」といいます。A) 現在形 B) 過去形 C) will 原形 が下のように繰り返される結果、時制は全部で12種類になります。

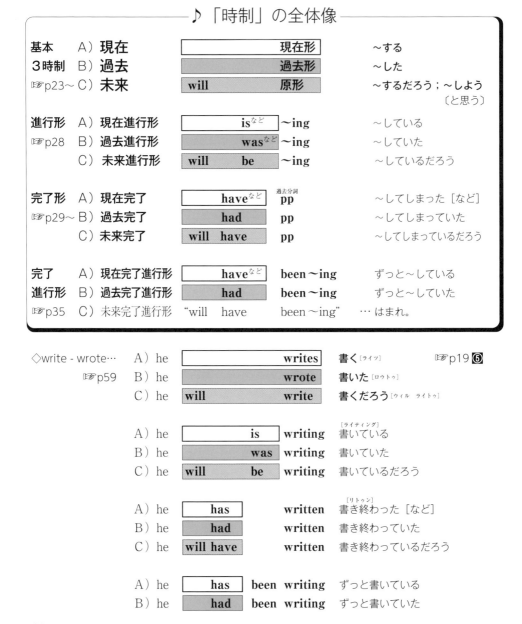

♪ 「時制」の全体像

| 基本 | A）現在 | | 現在形 | | ～する |
|---|---|---|---|---|---|
| 3時制 | B）過去 | | 過去形 | | ～した |
| ☞p23～ | C）未来 | will | 原形 | | ～するだろう；～しよう〔と思う〕 |
| 進行形 | A）現在進行形 | | isなど | ～ing | ～している |
| ☞p28 | B）過去進行形 | | wasなど | ～ing | ～していた |
| | C）未来進行形 | will | be | ～ing | ～しているだろう |
| 完了形 | A）現在完了 | | haveなど | pp（過去分詞） | ～してしまった［など］ |
| ☞p29～ | B）過去完了 | | had | pp | ～してしまっていた |
| | C）未来完了 | will | have | pp | ～してしまっているだろう |
| 完了 | A）現在完了進行形 | | haveなど | been ～ing | ずっと～している |
| 進行形 | B）過去完了進行形 | | had | been ～ing | ずっと～していた |
| ☞p35 | C）未来完了進行形 | "will | have | been ～ing" | … はまれ。 |

| ◇write - wrote… | A）he | | | writes | 書く［ライツ］ ☞p19❻ |
|---|---|---|---|---|---|
| ☞p59 | B）he | | | wrote | 書いた［ロウトゥ］ |
| | C）he | will | | write | 書くだろう［ウィル ライトゥ］ |
| | A）he | | is | writing | 書いている［ライティング］ |
| | B）he | | was | writing | 書いていた |
| | C）he | will | be | writing | 書いているだろう |
| | A）he | | has | written | 書き終わった［など］［リトゥン］ |
| | B）he | | had | written | 書き終わっていた |
| | C）he | will have | | written | 書き終わっているだろう |
| | A）he | | has | been writing | ずっと書いている |
| | B）he | | had | been writing | ずっと書いていた |

22

# 1 2種類の動詞 ── と 現在形 過去形 未来形
will 原形

英語の動詞は、「状態」を表す動詞と「動作」を表す動詞に分けられる。

## A 「状態」を表す動詞：have ／ know ／ like ／ need ／ be ／ など
持っている　知っている　好き〔な状態〕だ　必要〔な状態〕だ　☞p14

| He | needs | help. | 彼は助けが必要だ。 |
| He | needed | help. | 彼は助けが必要だった。 |
| He | will need | help. | 彼は助けが必要〔になる〕だろう。 |

| Today | is | cold. | 今日は寒い。 |
| *Yesterday | was | cold. | 昨日は寒かった。 |
| Tomorrow | will be | cold. | 明日は寒くなるだろう。 |

☞p20

## B 「動作」を表す動詞：go/move/open/rain/tell/use/walk/など
行く　動く　開く　雨が降る　話す　使う　歩く

| ※Tom often | goes | there. | トムはよく、そこに　　　　行く。 |
| Tom | went | there last week. | トムは先週、そこに行った。 |
| Tom | will go | there next week. | トムは来週、そこに行くだろう。 |
| ※Aya | goes | to night school. | 綾は夜学に行って（通って）いる［×行く］。 |

| ※He | tells | dirty jokes. | 彼はいやらしい冗談を言う。 |
| ※He | smokes | . | 彼はタバコを吸う。 |

※の例文のように、「動作」を表す動詞の 現在形 は、「**習慣的動作＝習慣的に何度も繰り返される**動作」を表すことが多い ── 現在形の smokes は、「現在1回タバコを吸う」ということではなく、「習慣的に何度も繰り返し吸う；吸う習慣がある」ということである（次ページ 2 の comes などは「1回の動作」を表す）。

**知ってる?** 「時間/天候/距離/状況」の“it”　**It** rains.［レインズ］　**It** rained.［レインドゥ］
〔天候は〕雨が降る。〔天候は〕雨が降った。

この用法の **it** は ①**時間** ②**天候** ③**距離** ④**状況**など をばく然と表す。普通は**和訳されない**。

① It is | ten〔o'clock〕/ ten twenty |　~~時間は~~　| 10 時 ［テン オクロック］ / 10時20分 ［テン トゥウェンティ］ | です。

② It | is raining / is sunny |　~~天候は~~　| 雨が降っている ［イズ レイニング］ / 晴れだ ［サニ］ |
☞p28

　It was cold yesterday .　（昨日 **天候は** 寒かった⇒）昨日は寒かった。＝前ページ*

③ It is 10 kilometers to Hachinohe .　八戸 まで　~~距離は~~　10キロだ。［キロミーターズ］

④ It is | dark / noisy | in the tunnel .　トンネルの中〔で〕は ~~状況は~~ | 暗い ［ダーク］ / うるさい ［ノイズィ］ |

---

## ２ とき節 / もし節 ── 未来のことが“現在形” **if** he **wins** ［イフ］［ウィン（ズ）］
「時 / 条件」を表す副詞節　　　　　　　　　　　　　　　　もし彼が〔未来に〕勝ったら

| とき | 節 “現在形” ⟵◯ 未来のこと！ ◇節 ☞p18 |
|---|---|
| もし | |

Let's do it | when | he **comes** next year . 　彼が来年**来たときに**、それをしよう。［ネクスト イァ］［レッツ］

I can't go | if | it **rains** tomorrow . 　**もし**明日雨が降ったら、行けない。

**とき節**

| when | |
|---|---|
| before | （未来のこと） |
| after | “現在形” |
| until | |

未来に ──

| ～する（した） | **ときに** ［ウェン］ |
|---|---|
| ～する | **前〔の時〕に** ［ビフォー］ |
| ～した | **あと〔の時〕に** ［アフター］ |
| ～する | **〔時〕まで** ［アンティル］ |

**もし節**

| if | “現在形” |
|---|---|
| unless | |

| もし | ～ | **なら** |
|---|---|---|
| もし | ～ | **でなければ** ［アンレス］ |

〈 **とき節**：| when | などで始まる節 〉 と 〈 **もし節**：| if | などで始まる節 〉では、
「**未来**」のことを **未来形** ではなく“**現在形**”で表す。

**24**

▷ふつう――未来のことは未来形（*will* 原形）で表す。 ☞次ページ

$$\text{He } \textit{will}\quad \textit{come}\quad \text{next year.}\qquad \text{彼は来年来るだろう。}$$

※ Tell me ┃ **when** he *will come* ┃. 彼がいつ来るの〔だろう〕かを教え
てください。

▶**とき節**では――**未来のことを"現在形"**で表す！

Let's do it ┃ **when** │ he **comes** next year ┃. 彼が来年**来たときに**、それをしよう。
(✕ *will come*) (✕来るだろうときに)

Stay here ┃ **until** │ you **find** a job ┃. 仕事が**見つかるまで**、ここにいなさい。
[ジョブ] [ファインドゥ] [ヒァ] [ステイ]
(✕ *will find*) (✕見つかるだろうまで)

▷ふつう――未来のことは未来形で表す。

$$\text{It } \textit{will}\quad \textit{rain}\quad \text{tomorrow.}\qquad \text{明日は雨が降るだろう。}$$
◇ It ☞前ページ ②

I can't tell ┃ **if** │ it *will rain* tomorrow ┃. 明日雨が降る〔だろう〕かどうか
(を言えない⇒)わからない。
◇if ～：もし～なら；**～かどうか**

▶**もし節**では――**未来のことを"現在形"**で表す！

I can't go ┃ **if** │ it **rains** tomorrow ┃. **もし**明日**雨が降ったら**、行けない。
(✕ *will rain*) (✕雨が降るだろうなら)

**知ってる?** 間接疑問 What **is it**? ―― I don't know ┃ what **it is** ┃.
[ノウ]
それは何だ？ それが何なのか私はわからない。

　疑問文がほかの文の┃一部┃に組み込まれたものを「間接疑問」という。間接疑問は文の
一部分であり、独立した疑問文ではない。そのため主語と動詞は**平叙文の形**になる。
☞p6

When **will** he **come?** ↘ 彼はいつ来るの〔だろう〕か？
※ Tell me ┃ when he **will come** ┃. ↘ 彼がいつ来るのかを教えてください。
[ウェア]
Where **does** she **live?** ↘ 彼女はどこに住んでいるのか？
[ウェア] [リブ (ズ)]
Do you know ┃ where she **lives** ┃? ↗ 彼女がどこに住んでいるのかわかる？

25

# ③ 未来を表すいろいろな表現

## A will 原形：単純未来と意志未来　He **will** do it. / I **will** do it.

彼は（が）するだろう。私は（が）やります。

基本的に、「**未来**」のことは〈**未来形** = will + 原形〉で表現する。

この〈will 原形〉が表す未来は、**単純未来** ① と意志未来 ② ③ に分かれる。

| ① | will ～ | 【単純未来】～だろう | He **will** help you. | 彼が手伝ってくれるだろう。 |
|---|---|---|---|---|
| ② | will ～ | 【意志未来】～しよう〔と思う〕 | I **will** help you.（= I'll）[アイル] | 私が**手伝おう**；私が**手伝います**。 |
| ③ | Will you ～? (相手の**意志**を尋ねる) | [依頼] ～ してくれませんか? | **Will you** help me? | 手伝ってくれませんか? |
|  |  | [勧誘] ～ しませんか? | **Will you** take a break? | ひと休みしませんか? |

**① 単純未来**（**無意志**未来）は「**～だろう**」という意味（自然の成り行き、予想など）を表す。

| I | | am | 19 now. | 私は今、19才だ。 |
|---|---|---|---|---|
| I | **will** | be | 20 next month. | 私は来月、20才になる〔だろう〕。 |
| **Will** the bus | | come | on time? | バスは時間どおりに来るだろうか? |

**② 意志未来**は「**～しよう**〔**と思う**〕」という主語の**意志**を表す。

We **will** give you a ride.
（君に乗車を与えよう⇒）乗せてってあげますよ。

I'm sorry. I **will** not do it again.
　　　（= **won**'t）
ごめんなさい。もう二度としません。
I'm (= I am)

**③** "Will you ～ ?" はふつう「[依頼] ～**してくれませんか?**」または「[勧誘] ～**しませんか?**」という意味を表す。

**Will you** zip up my dress?
ドレスのジッパーを上げてくれる?

| **Will you** | have a drink? |
|---|---|
| **Won't you** | |

一杯やりませんか?
◇「勧誘」では"Won't you ～?"も使われる。

# B be going to ～ 原形
〔ゴウィング〕

"be going to"の意味は下の2つに大別できる。

▶ 「～するつもりだ」 など：**主語の意志** I am going to retire. 引退するつもりだ。
〔リタイア〕

| | |
|---|---|
| I don't need your help. | あなたの助けはいらない。 |
| I **am going to** do it myself.※ | 自分〔自身〕でする**つもり**だから。 |
| Sorry, I'm busy now. | ごめん、今は手がふさがってる。 |
| —— OK, I **will** do it myself.※ | わかった。〔それなら〕自分でするよ。 |
| | ☞前ページ**②** |
| **Are** you **going to** fire me? | 私をクビにする**つもり**ですか？ |
〔マイセルフ〕 〔ビズィ〕 〔オウケイ〕 〔ファイア〕

▶ 「～しそうだ」 など：**話し手の確信** I'm going to be sick. 吐きそうだ。
〔ビ スィック〕

| | | |
|---|---|---|
| It | **is going to** | rain. 雨が降り**そうだ**〔と空模様などから**確信する**〕。 |
| | | ◇ It ☞p24② |
| It | **will** | rain tonight. 今夜は雨が降るだろう。◇「単純未来」の予想 |
| | | ☞前ページ**❶** |
| You | **are going to** | catch it. 〔君は〕しかられる（と私は**確信する**⇒）ぞ。 |
〔トゥナイトゥ〕 〔キャッチ イットゥ〕

**注** be going to と will —— 2種類の「意志」☞上※

| be going to ～ | ～するつもりだ ：発言の時より前に「すでに決められた意志」を表す。 |
|---|---|
| will ～ | ～しよう〔と思う〕：発言の時に「その場で決められた意志」を表す。 |

# C 進行形：近い未来の予定 She is coming on Sunday.
〔カミング〕 〔サンデイ〕

彼女は日曜に**来る**〔**予定だ**〕；日曜に**来ます**。

**進行形**は、本来の意味（～している）とは別に、しばしば **近い未来の予定** を表す。
「**～することになっている**；**～する**〔**予定だ**〕」などと訳され、すでに"準備が進行中"
というような時によく使われる。*未来を表す語句に注意。*

| | |
|---|---|
| The president **is speaking** on TV now. | 大統領は今、テレビで演説をしている。 |
| The president **is speaking** on TV *tomorrow.* | 大統領は明日、テレビで演説をすることに |
| | なっている。 |
〔ティービー〕〔スピーキング〕 〔トゥモロウ〕

I am getting off *at the next stop.* 次の駅 [ネクストゥ] （バス停）で**降ります**。

What are we having *for dinner?* （私らは晩飯のために何を**食べること**

**になっているのか**⇒）晩飯は何？

# 4 進行形：be ＋ ～ing　Your nose **is running.**

（君の鼻は流れている⇒）鼻水が出てるよ。

**進行形**（**be ＋ ～ing**）は、**be** が下のように変化することで、「現在 / 過去 / 未来」の3種類の意味を表す。☞p22

|  |  | be | 現在分詞 |  |
|---|---|---|---|---|
| **❶ 現在進行形** |  | am<br>is<br>are | ～ing | **～している** （今この瞬間に～しているところだ）<br>◇現在進行中の動作 |
| **❷ 過去進行形** |  | was<br>were | ～ing | **～していた**<br>◇過去のある時に進行中の動作 |
| **❸ 未来進行形** | will be | | ～ing | **～しているだろう**<br>◇未来のある時に進行中の動作 |

| ❶ | I | | **am** | **flying** | over Alaska | now. |
|---|---|---|---|---|---|---|
| ❷ | He | | **was** | **flying** | over Alaska | when he heard the news. |
| ❸ | You | **will be** | | **flying** | over Alaska | this time tomorrow. |

| ❶ | 今〔この瞬間に〕、 | 私はアラスカの上空を**飛んでいる**〔ところだ〕。 |
|---|---|---|
| ❷ | その知らせを聞いたとき、 | 彼はアラスカの上空を**飛んでいた**。 |
| ❸ | 明日の今ごろ、 | 君はアラスカの上空を**飛んでいるだろう**。 |

進行形は「ある期間のあいだ続いている動作」を表すこともある。

He **is studying** hard this semester.　彼は今学期〔の間〕は一生懸命に勉強している。

◇ 「今この瞬間に勉強しているところ」という意味ではない。

28

# ⑤ 完了形　The fireworks **have started**.　花火大会が（始まった状態だ⇒）始まった。

## ♪ 「完了形」の全体像

　完了形（下 ❶ ～ ❸ ）は、それぞれが３種類の意味 完了 / 経験 / 継続*1 を表すが、過去完了には「**大過去**」の用法もある。完了進行形（❹ と ❺）は「**継続*2**」の意味を表す（未来完了進行形はまれ）。☞p22
◇ ※ は英語の"直訳"、実際にはいろいろな形に"意訳"される。☞次ページ　*1 状態の継続　*2 動作の継続

| ❶ | 現在完了 | have (has) p p | 完了 | 〔今は〕 | ~した状態だ ※ |
| --- | --- | --- | --- | --- | --- |
| | | | 経験 | 〔今までに〕 | ~したことがある |
| | | | 継続*1 | 〔今まで〕 | ずっと~している |

| ❷ | 過去完了 | had p p | 完了 | 〔過去のある時には〕 | ~した状態だった ※ |
| --- | --- | --- | --- | --- | --- |
| | | | 経験 | 〔過去のある時までに〕 | ~したことがあった |
| | | | 継続*1 | 〔過去のある時まで〕 | ずっと~していた |
| | | | 大過去 | 過去よりさらに前の時 | |

| ❸ | 未来完了 | will have p p | 完了 | 〔未来のある時には〕 | ~した状態になっているだろう ※ |
| --- | --- | --- | --- | --- | --- |
| | | | 経験 | 〔未来のある時には〕 | ~したことになるだろう |
| | | | 継続*1 | 〔未来のある時まで〕 | ずっと~していることになるだろう |

| ❹ | 現在完了進行形 | have been ~ing (has) | 継続*2 | 〔今まで〕 | ずっと~している |
| --- | --- | --- | --- | --- | --- |

| ❺ | 過去完了進行形 | had been ~ing | 継続*2 | 〔過去のある時まで〕 | ずっと~していた |
| --- | --- | --- | --- | --- | --- |

# A 完了形の基本

**❶現在完了** —— have pp —— 〔**3種類の意味**〕 ☞前ページ

**1. 完了**：「～した状態だ」  The countdown 〔カウントゥダウン〕 has | started .
カウントダウンが（**始まった状態だ⇒**）始まった。

57, 56, 55 …

「**完了**」の have | p p 〔過去分詞〕 は 〜した | 状態だ という意味を表す。この意味は、文脈によっていろいろな形に和訳される ―― 例えば下の「〜した」「〜してしまった」「〜しちゃった」、36ページの「〔すでに〕〜している」「〔ちょうど〕〜したところだ」など。

下 **A** 〜 **C** の「**完了**」の意味は、**A**〜**C**の「**過去形**」の意味 〜した と比べるとわかりやすい。

| 原形 | 過去形 | 過去分詞 | ☞p19 |
|------|--------|----------|------|
| start | A) started | **A**) started | |
| lose 〔ルーズ〕 | B) lost 〔ロストゥ〕 | **B**) lost | |
| catch 〔キャッチ〕 | C) caught 〔コートゥ〕 | **C**) caught | |

**A**) Labor 〔レイバー〕 has | started .
陣痛が（ 始まった | 状態だ ⇒）始まった★。
**ズキ…ズキ…**

**B**) I have | lost my ring.
指輪を（ なくした | 状態だ ⇒）なくしてしまった。
**指輪がない！**
〔リング〕

**C**) I have | caught cold.
かぜを（ ひいた | 状態だ ⇒）ひいちゃった。
**ゴホン、ゴホン**
〔コウルドゥ〕

◇ **B** = I've lost my ring. / **C** = I've caught cold.
〔アイヴ〕

A) Her labor started at dawn.
彼女の陣痛は明け方に 始まった ★。
〔アットゥ ドーン〕

B) I lost my ring in Egypt.
私はエジプトで指輪を なくした 。
〔イージプトゥ〕

C) We caught cold in turn.
私たちは次々にかぜを ひいた 。
〔イン ターン〕

30

## ▶「完了」は「現在の状態」を伝える

前ページ例文A～Cの**過去形**は、| ～した |
と言って【過去の動作】を伝える —— いつ／どこで／どのように「～した」のかを説明する。が、「現在の状態」については何も語らない。

一方、**A**～**C**の「<sup>have p p</sup>**完了**」は、| ～した | 状態だ |
と言って【過去の動作＋の結果である**現在の状態**】を伝える。

‖‖‖‖‖ **過去** ‖‖‖‖‖‖‖‖‖‖‖‖‖‖‖‖‖ **現在** ‖‖‖‖‖‖‖‖‖‖‖‖‖‖‖‖‖‖‖‖

| | | | |
|---|---|---|---|
| **過去形** | A）明け方に | | 始まった | ? |
| | B）エジプトで | なくした | ? |
| | C）次々に | ひいた | ? |

| 「完了」 | have | p p | | ～した | 状態だ |

＝【過去の動作 ＋の結果である**現在の状態**　　】

**A**）　　陣痛が　　| 始まった | 状態だ |
＝【始まった ＋結果ズキン…ズキン…　　】

**B**）　　指輪を　　| なくした | 状態だ |
＝【なくした ＋結果**指輪がない！**　　】

**C**）　　かぜを　　| ひいた | 状態だ |
＝【ひいた ＋結果かぜの症状が出ている　】

例文 **B** の | have | lost | | なくした | 状態だ | とは、【なくした結果**指輪がない…困った…**】ということである。

この文の話し手は、例文Bのように「指輪をなくした過去の時」を振り返っているのではない――

指輪を | なくして | 困惑する自分の **現在の状態** に目を向けて、

それを「私は指輪を | なくした | 状態だ |」と表現しているのである。

**31**

30ページの★に示すとおり、「完了」と「過去形」は同じ和訳（**〜した**）になることがあるので、意味の違いに注意。次の例も同様。　◇come - **came** - come

Spring | has | come |．　　　春が（ 来た 状態だ ⇒）来た★。　◇今は春！

Spring | **came** | *late* this year.　今年は春が 遅く 来た ★。◇今は…？

# ２．経験：「〜したことがある」　I **have seen** it on YouTube.
私はそれをユーチューブで見たことがある。

「経験」の have p p は 〜した 経験がある という意味、すなわち「現在までの経験」を表す。before（以前に）/ once（１度）/ twice（２度）などの語を伴うことが多い。

\*　I | have | done | this job before.　前に この仕事を やった ことがある 。

Naoki | has | visited | Taipei twice.　直樹は２度、台北を訪れたことがある。

I think I | have | met | her somewhere. 彼女とはどこかで会ったことがあると思う。

# ３．継続：「ずっと〜している」　I **have been** busy this week.
今週はずっと忙しい〔状態が続いている〕。

「継続」の have p p は ずっと〜している（〜だ） という意味、すなわち「（過去のある時から）現在までの"状態"の継続」を表す。*for*（〜のあいだ）/ *since*（〜以来）などの語を伴うことが多い。　◇"動作"の継続　☞p35❹　　◇is-was-been ☞p20

He | | **is** | sick.　　　　　彼は〔　　　現在　　　〕　　　病気だ。

He | | **was** | sick.　　　　　彼は〔過去に　　　　　　〕　　　病気だった。

He | has | been | sick.　　　　　彼は〔過去から現在まで〕　ずっと病気だ。

He | has | been | sick *for* a week.　彼は（１週間　のあいだ⇒）1週間 *前から* 病気だ。

I | have | known | her *since* childhood.　私は彼女を子供の頃 *から* 知っている。

## ❷ 過去完了と ❸ 未来完了 ── 3種類の意味

had p p　will have p p

現在完了と同様に、**過去完了**と**未来完了**は「**完了 / 経験 / 継続**」の意味を表す。　☞p29

## 1．完了　The concert **had** *already* **started**.　☞p30
コンサートはすでに（始まった状態だった⇒）始まっていた。

| 現在完了の完了 | **have** p p | 〔今は〕 | ～した状態だ | ☞p30 |
| --- | --- | --- | --- | --- |
| 過去完了の完了 | **had** p p | 〔過去のある時には〕 | ～した状態だった | |
| 未来完了の完了 | **will have** p p | 〔未来のある時には〕 | ～した状態になっているだろう | |

"過去"と
"未来"に
変わるだけ

| They | | **have** *already* | | **finished** | dinner. |
| --- | --- | --- | --- | --- | --- |
| They | | **had** *already* | | **finished** | dinner　when　I got home. |
| They | **will have** | | | **finished** | dinner　when　I get home.　◇着く　家に ⇒ 帰る |

|  | 彼らはすでに | 晩飯を | （済ませた状態だ⇒） | 済ませている。 |
| --- | --- | --- | --- | --- |
| 私が帰ったとき、 | 彼らはすでに | 晩飯を | （済ませた状態だった⇒） | 済ませていた。 |
| 私が帰る頃には、 | 彼らは | 晩飯を | （済ませた状態になっているだろう⇒） | 済ませているだろう。 |

〰〰〰〰〰〰 **過 去** 〰〰〰〰〰〰 **現 在** 〰〰〰〰〰〰 **未 来** 〰〰〰〰〰〰

（帰ったとき）　　　　　（今は）　　　　　（帰る頃には）

済ませていた　　　　済ませている　　　　済ませているだろう

## 2．経験　She **had worked** in radio *before*.　彼女はそれ以前にラジオ局で**働いたことがあった**。

| 現在完了の経験 | **have** p p | 〔今までに〕 | ～したことがある | |
| --- | --- | --- | --- | --- |
| 過去完了の経験 | **had** p p | 〔過去のある時までに〕 | ～したことがあった | |
| 未来完了の経験 | **will have** p p | 〔未来のある時には〕 | ～したことになるだろう | |

"過去"と
"未来"に
変わるだけ
☞p29

I | **have seen** | the film *before* , so I **know** the story.
I | **had seen** | the film *before* , so I **knew** the story.
I | **will have seen** | the film *3 times* , if I **see** it again.

その映画は　前に　**見たことがある。**　　だから内容は知っている。
［フィルム］
その映画は　それ以前に　**見たことがあった。**　　だから内容は知っていた。
［ソウ］［ストーリ］［ノウ］
［ニュー］
〔もし〕もう１度見れば、私はその映画を　*3回*　**見たことになる**〔だろう〕。
［アゲン］
［スリータイムズ］

||||||||||||||||||||||||||||||||||||| **過去** ||||||||||||||||||||||| **現在** ||||||||||||||||| **未来** |||||||||||||||||||||

| 見たことがあった |　　| 見たことがある |　　もう１度見れば３回
　　のので知っていた　　　　　　のので知っている　| 見たことになる |

## 3. 継続　She **had been** in hospital for one year.

　　　　　　　　　　　　彼女は１年間、病院（の中にいた⇒）に入院していた。
　　　　　　　　　　　　　　　　　　　［ホスピタル］

| **現在完了**の継続 | **have** p p | 〔今まで〕　　　　　**ずっと～している** |
|---|---|---|
| **過去完了**の継続 | **had** p p | 〔過去のある時まで〕**ずっと～していた** |
| **未来完了**の継続 | **will have** p p | 〔未来のある時まで〕**ずっと～していることになるだろう** |

"過去"と
"未来"に
変わるだけ
☞p29

We | **have lived** | here *for* 9 years.
We | **had lived** | in Usa *for* 7 years *before* we **moved** here.
We | **will have lived** | here *for* 10 years *next March*.

　　　　　　　　　　私たちは９年間　　ここに**住んでいる。**
［ムーブ（ドゥ）］
ここに越してくる *前*、私たちは７年間　　宇佐に**住んでいた。**　　　◇ *next March* ☞p97 ◆
［マーチ］
*来年の3月*で、私たちは10年間　　ここに**住んでいることになる**〔だろう〕。

||||||||||||||||||||||||||||||||||||||||||| **過去** |||||||||||||||||||||||||||||||| **現在** ||||||||||||| **未来** ||||||||||||||||||
　　　　　　　　　　（引っ越し）　　　　　　　　　　　　　　　　（来年３月）

| （7年）宇佐に住んでいた | （9年）ここに住んでいる |
　　　　　　| （10年）ここに住んでいることになる |

## ❹ 現在完了進行形 have been ~ing

☞p29

He **has been coughing** *for* weeks.
[コフ (イング)] [ウィークス]
咳をする
彼は何週間も〔の間ずっと〕咳をしている。

**現在完了進行形**は「**ずっと~している（し続けている）**」という意味、すなわち
「（過去のある時から）現在までの"**動作**"の継続」を表す。 ◇"状態"の継続 ☞p32. 3

We **have been walking** *for* 8 hours.
[アウァ (ズ)] [ウォーキング]
私たちは8時間〔の間〕歩き続けている。

I **have been doing** this job *since* 2005.
two thousand five
私はこの仕事を2005年からやっている。☞p32 *
[トゥ サウザンドゥ ファイブ]

## ❺ 過去完了進行形 had been ~ing

She **had been driving** without a license *for* 40 years!
drive [ドゥライビング] [ウィザウトゥ] [ライスンス] [フォーティ]
彼女は40年間（免許なしで運転していた⇒）無免許運転をしていたのだ！

| 現在完了進行形 | **have been ~ing** | 〔今まで〕 | ずっと~している |
|---|---|---|---|
| 過去完了進行形 | **had been ~ing** | 〔過去のある時まで〕ずっと~していた | |

"過去"に
変わるだけ

◇see：デートする；交際する

She **has been seeing** John *since* March. 彼女は3月から ジョンと付き合っている。
[スィー (イング)]
She **had been seeing** Paul *until* March. 彼女は3月まで ポールと付き合っていた。
[アンティル]

---

**知ってる?** 完了形 ── 過去と現在のつながり方

完了形が表す3種類の意味では、**過去と現在がどのような形でつながっているかに注意。**

### 1. 完了：「~した状態だ」

I [have] [lost] my ring.

### 2. 経験：「~した経験がある」

I [have] [done] this job before .

### 3. 継続：「ずっと~している」

I [have known] her since childhood.
We **have been walking** *for* 8 hours.

# B 完了形の応用

**知ってる?** 完了形の慣用表現

| | | | | | |
|---|---|---|---|---|---|
| have | *already* | p p 過去分詞 | ❶ | [オールレディ]<br>すでに〜してしまった（している） | 完了 |
| have | *just* | p p | ❷ | [ジャストゥ]<br>ちょうど（たった今）〜したところだ | |
| have | *not* | p p *yet* | ❸ | [イェットゥ]<br>まだ〜していない　　◇否定文で | |
| Have you | | p p *yet* ? | ❹ | もう〜したか?　　◇疑問文で | |
| have | | gone to … | ❺ | [ゴーン]<br>…に行ってしまった | |
| have | | been to … | ❻ | …に行ってきたところだ | |
| | | | ❼ | …に行ったことがある | 経験 |
| have | *never* | p p | ❽ | [ネバー]<br>〜したことが〔1度も〕ない | |
| Have you | *ever* | p p ? | ❾ | [エバー]<br>〔今までに〕〜したことがあるか? | |

## 1．完了：「〜した状態だ」 She has *just* come. ☞上❷
たった今（**来た状態だ**⇒）**来た**ところだ。

　「**完了**」は基本的に「**〜した状態だ**」という意味を表すが〔☞p30〕、上の**知ってる?**のように、慣用表現として覚えた方が便利な場合が多い。

❶　They **have** *already* **arrived** .　　すでに（　arrive (d) [アライブ（ドゥ）]<br>着いた **状態だ**　⇒）**着いている**。

　　They **had** *already* **arrived.**　　すでに（　着いた　状態だった　⇒）**着いていた**。

❷　They **have** *just* **arrived** .　　ちょうど（　着いた **状態だ** ⇒）**着いた**ところだ。

❸　They **have** *not* **arrived** *yet* .　　まだ　**着いていない**〔状態だ〕。

❹ **Have** they **arrived** *yet* ?　　もう　**着いた**〔状態〕か?

　　Yes, they **have.**　　はい、（着いた状態だ⇒）**着きました**。

　　No, they **have**n't.　　いいえ、**着いてい**（[ハブントゥ]<br>ない状態だ⇒）**ません**。

❺ She **has** **gone** to a far country.　　[ファーカントゥリ]<br>彼女は遠い国に**行ってしまった**。

❻ I **have** *just* **been** to his apartment.　　[アパートゥメントゥ]<br>たった今　彼のアパートに**行ってきたところだ**。
　　　　　　❷

36

## 2．経験：「〜したことがある」 I **have been** ☞**❼** to Rio *once*.

一度、リオに行ったことがある。

**❼** I　　have　　　　been ~~to~~　there *once*.　　　一度、そこに ~~に~~ 行ったことがある。

**❽** I　　have　*never*　**skied**.　　　　　　　　　**スキーをしたことがない。**

　　I　　had　*never*　**skied** *before*.　　　　それまで **スキーをしたことがなかった。**

**❾** **Have** you *ever* **talked** to him?　　〔今までに〕彼と **話したことがあるのか？**

＝**Did**　you *ever* **talk**　to him?　　◇「経験」は過去形でも表すことができる。

　　　　　　　　　　　　　　　　　　　　　下は現在形への"応用"。

　　**Do**　you *ever* **talk**　to him?　　　　　**彼と話すことはあるのか？**


## 3．継続：「ずっと〜している」 She **has been** dead for 9 years.

　　　　　　　　　　　　　　　（彼女は9年間死んでいる⇒）彼女が死んで9年になる。

▶"状態"の継続：**have p p** ☞p32. 3　◇be married：結婚している ◇be born：生まれる

| She | **has** | **been** married *for* 9 years. |
|---|---|---|
| They | **had** | **been** married *for* 9 years when Ed was born. |

　　　　　（彼女は9年*間*　結婚している⇒）彼女は結婚して9年になる。

（エドが生まれたとき、彼らは9年*間*　結婚していた⇒）彼らが結婚して9年目にエドが生まれた。


▶"動作"の継続：**have been 〜ing** ☞p35**❹**　◇it ☞p24 ②

| It | **has** | **been** | **raining** *all day.* |
|---|---|---|---|
| What **have** you | | **been** | **doing** *all this time?* |

（一日中⇒）朝からずっと雨が降っている。

（すべてのこの時間 ⇒）いままでずっと何をしていたの？

# C 過去完了が表す「大過去」 He **said** he **had been** home then.

過去完了 (**had p p**) には、〈完了 / 経験 / 継続〉を表す用法のほかに、
〈 **大過去** = **過去** よりさらに前の時〉を表す用法がある。☞p29

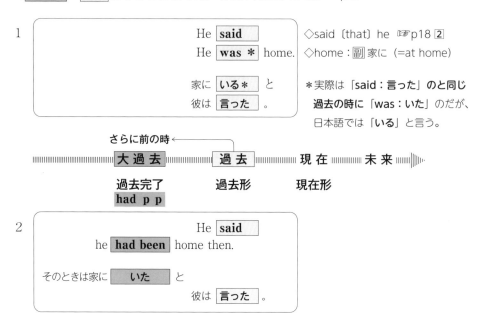

1. He **said**
   He **was \*** home.
   家に **いる\*** と
   彼は **言った** 。
   ◇said〔that〕he ☞p18 **2**
   ◇home：副 家に (=at home)

   \*実際は「said：言った」のと同じ
   過去の時に「was：いた」のだが、
   日本語では「いる」と言う。

   さらに前の時←
   ‖‖‖‖‖‖‖‖‖‖‖‖‖‖ **大 過 去** ‖‖‖‖‖‖‖ **過 去** ‖‖‖‖‖‖‖ 現 在 ‖‖‖‖‖ 未 来 ‖‖‖‖
   過去完了     過去形     現在形
   **had p p**

2. He **said**
   he **had been** home then.
   そのときは家に **いた** と
   彼は **言った** 。

1. **said＝言った** と **was ＝いる\*** は同じ過去の時のことなので、どちらも過去形。
2. **言った** は過去のある時のことだが、**いた** はそれよりさらに前の時のことである。
   そこで、この文はそれを明示するために、**言った** を過去形の **said** で表し、**いた**
   を過去完了の **had been** で表している。つまり、この過去完了は過去よりさらに前
   の時 ── 「大過去」と呼ばれる ── を表すために使われている。

下の過去完了も「大過去」を表している。

☞p88 **4**                                         日本語は
                                               どちらも過去形

I suddenly **remembered** what he **had said**.  彼が **言った** ことを突然 **思い出した** 。
                                               [サドゥンリ] [リメンバー (ドゥ)]

**Did** you **ask** her why she **had not come** ?  なぜ **来なかった** のかを
                                               [アスク]
                                               彼女に **聞きましたか** ?

38

# ⑥ 時制の一致 —— 英語は"実際の時"を表す

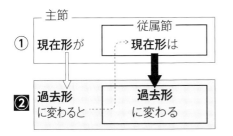

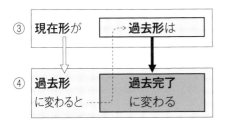

☞p18.1

　左の形の文では、主節の動詞が**現在形**から ⇨ **過去形**、すなわち"**1つ前の時**"に変わると、それに応じて従属節の動詞も ➡ "**1つ前の時**"に変わる（現在形は過去形に、過去形は過去完了に、など）。このように、主節の動詞の変化に応じて従属節の動詞が変化することを「時制の一致」という。**日本語ではこうした変化が起こらないので、過去形\*の訳し方に注意。**

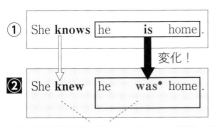

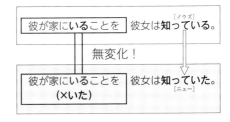

実際は"**同じ過去の時**"だということに注意。☞次ページ

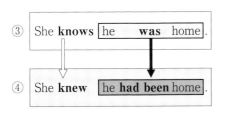

▶前ページ例文①〜④ ── 英語は"実際の時"を表す！

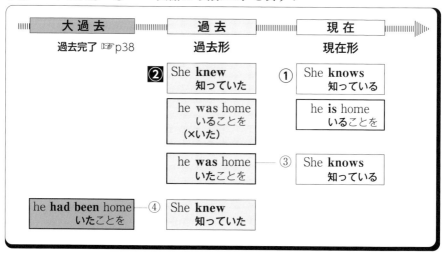

上の（✕）と同様の誤解が下の❷でも生じやすいので、注意！

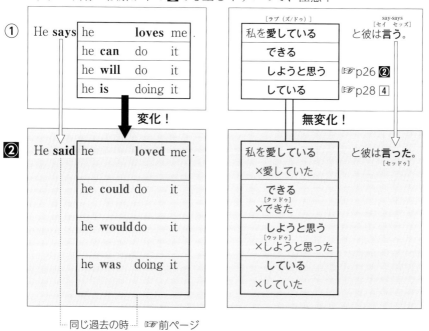

◇can 以下の例では助動詞が変化（can → could / will → would）。

# Day 3 ¹ 助動詞

助動詞は下の2種類に分かれますが、ここでは Ⓐ のグループ ── 〈助動詞 + 原形〉 で特定の「意味」を表す ── を扱います。

## ♪ 2種類の助動詞

## Ⓐ can / must / should / など
　　できる　　ねばならない　すべきだ
　　[マストゥ]　　　　　[シュッドゥ]

助動詞 + 動詞・原形 の形で使われる。〈**can：できる**〉〈**should：すべきだ**〉というように特定の「意味」を表し、その意味を動詞に付け加える。Ⓑのような*主語による形の変化はない*。

◇「未来」を表す will ☞p26

## Ⓑ do / have / be

▶ do 　do … 原形
　　の形で使われ、一般動詞の
　　否定文 / 疑問文を作る。☞p7

▶ have 完了形：have + p p（過去分詞）
　　で使われる。☞p29

▶ be 進行形：be + ~ing
　　受動態：be + p p
　　で使われる。☞p28 / p45

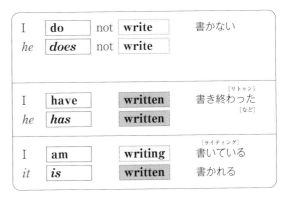

　これらの助動詞は、「否定 / 疑問文」「完了形」「進行形」などを作るのを手伝う（助動詞自体は特定の意味を表さない）。*主語によって形が変わり*、それぞれが動詞としても使える。☞p21 / p14

## ♪ 「助動詞の意味」一覧　　　　◇（カッコ内）は過去形。

| | | | |
|---|---|---|---|
| 1 | **can**（could） | [キャン（クッドゥ）]　　[エイブル]<br>**～できる** [＝**be able to**] | ❶能力　❷可能 |
| | | **可能性がある** | ❸可能性 |
| 2 | **may**（might） | [メイ（マイトゥ）]<br>**～かもしれない** | 推量 |
| | | **～してもいい** | 許可 |
| 3 | **must** | [マストゥ]　　　　　　　　　[ハフ　トゥ]<br>**～しなければならない** [≒**have to**] | 義務 |
| | | **must not：～してはいけない** | 禁止 |
| | | **～に違いない** | 確信 |
| 4 | **should** | [シュッドゥ]<br>**～すべきだ** | 義務 |
| | | **～はずだ** | 推量 |
| 5 | **had better** | [ハドゥ　ベター]<br>**～した方がいい** | 助言 |

# 1 can：You **can** do it!　あなたなら〔それをすることが〕**できる**！

| | | 助動詞 | 動詞<br>原形 | |
|---|---|---|---|---|
| ❶ | Ninjas | **can** | run on water. | |
| | ＝ Ninjas | **are able to** | run on water. | |
| ❷ | I | *will* **be able to** | get | back by nine. |
| | You | **can** | use | my car. |
| | **Can you** | | call | back later? |
| ❸ | Men | **can** | get | breast cancer, too. |
| | ＊1 It | **can't** | be | true. |

[ラン　オン　ウォーター]
❶ 忍者は水面上を走ることができる。

[バイ　ナイン]　　[ゲットゥ　バック] できる
❷ 9時までに（戻ることが可能だろう⇒）戻れるだろう。
　（あなたは私の車を使うことが可能⇒）　私の車を使っ**てもいい**ですよ。
　[レイター][コール　バック]　　　　　　　　できる
　（あとでまた電話することが可能？⇒）　またあとで電話**してくれません**か？

[トゥ][ブレストゥ　キャンサ]
❸ 男も乳ガンにかかる可能性がある（**ことがある** / ×ことができる）。
　[トゥルー]
　それは本当である（可能性がない⇒）**はずがない**（本当のはずがない）。

42

## 2 may : *2 It **may** be true. それは本当かもしれない。

| | | | |
|---|---|---|---|
| He | **may** not | come . | 彼は来ないかもしれない。 |

| | | | |
|---|---|---|---|
| **May** I | | rest a little? | [ア リトゥル] [レストゥ] ちょっと休んでもいいですか？ |
| Yes, you | **may.** | | いいですよ。 |

## 3 must : You **must** do your best. あなたは全力を尽くさないといけない。

| | | | |
|---|---|---|---|
| You | **must** | hurry. | 〔君は〕[ハリ]急がないといけない。 |
| ≒ You | **have to** | hurry. | ☞前ページ♪ |
| ↔ You **don't have to** | hurry. | 急がなくてもいい。 |

◆ must ↔ don't have to
しなければならない　しなくてもいい

| | | | |
|---|---|---|---|
| You | **must not** / **mustn't** | hurry. | 急いではいけない。[マスントゥ] |
| I | **had to** | pay a $10 fine. | [テン ダラー ファイン] [ペイ] [ハットゥ] 10ドルの罰金を払わなければならなかった。 ten-dollar fine |
| You *will* | **have to** | change buses. | バスを乗り換えなければならないでしょう。[チェインジ バスィズ] bus (es) |

| | | | |
|---|---|---|---|
| *3 It | **must** | be true. | それは本当〔である〕に違いない。 ◇ *1 ↔ *3 |

## 4 should : We **should** talk with the CEO. [トーク][スィー イー オウ] 私らは社長と相談すべきだ。

Politicians **should** set an example. [ポリティシャンズ][セットゥ アン イグザンプル] 政治家は（が）　手本を示す　べきだ。

He **should** *be able to* help you. 彼なら君を助けることができるはずだ。
◇be able to ☞前ページ♪

## 5 had better : You **had better** go to the dentist. [デンティストゥ]
歯医者に行った方がいいよ。

We**'d better** book a table. [ブック ア テイブル][ウィドゥ ベター] 席を予約しておいた方がいいね。

You **had better** *not* scratch it. [スクラッチ] （かゆくても）かかない方がいいよ。
◇had better *not* ～ ： ～しない 方がいい

# ⑥ 助動詞の「過去」You **must have dreamed**.

（君は夢を見たに違いない⇒）夢でも見たんだろう。

助動詞が「**過去の意味**」を表す方法は2通りに分かれる——1つは**助動詞**が"現在形"から"**過去形**"に変わるもの、もう1つは**動詞**が"原形"から"**have p p**"に変わるもの。

◇① と ③ のように、同じ助動詞でも意味が違えば「過去」の表し方は違ってくる。

＊1 過去形がないので had to を代用。☞p42 ③ 　　＊2 【カッコ内の意味】が含まれることに注意。

| | | 助動詞 | 動詞 | |
|---|---|---|---|---|
| ① | **can** | can't | 原形 | ～できない |
| | | **could**n't | 原形 | **～できなかった** |
| | | can't | 原形 | **～はずがない** |
| | | **can't** have p p | | **～した（だった）はずがない** |
| ② | **may** | may | 原形 | ～かもしれない |
| | | **may** have p p | | **～したかもしれない** |
| ③ | **must** | must*1 | 原形 | ～しなければならない |
| | | **had to** | 原形 | **～しなければならなかった** |
| | | must | 原形 | ～に違いない |
| | | **must** have p p | | **～したに違いない** ☞ページ冒頭の例文 |
| ④ | **should** | should | 原形 | ～すべきだ |
| | | **should** have p p | | **～すべきだったのに〔しなかった〕*2** |

① I　　can't　　　　　go　　today.　　　　今日は行けない。
　 I　　**could**n't　　　go　　yesterday.　　昨日は行けなかった。
　 He　can't　　　　　be　　sick.　　　　　彼は病気のはずがない。
　 He　**can't** **have been** sick.　　　　彼は病気だったはずがない。

② She　may　　　　　　lose　her way.　　彼女は道（を失う⇒）に迷うかもしれない。
　 She　**may** **have lost** her way.　　彼女は道に迷ったのかも知れない。

③ He　must　　　　　　take　the blame.　彼はその責任をとらなければならない。
　 He　**had to**　　　　take　the blame.　彼はその責任をとらなければならなかった。
　 It　must　　　　　　be　　a joke.　　　それは冗談に違いない（冗談でしょう）。
　 It　**must** **have been** a joke.　　　それは冗談だったに違いない。

④ You　should　　　　　use　sunblock.　日焼け止めを使うべきだ。
　 You　**should** **have used** sunblock.　日焼け止めを使うべきだったね。

44

# Day 3 ² 受動態

受動態は"**be＋過去分詞**"で"**～される**"という意味を表します。例えば —— he **is helped**：
**助けられる** / it **is made**：**作られる** / it **is given**：**与えられる** —— というように。

◇help-helped- **helped** [ヘルプトゥ] / make-made- **made** [メイク メイドゥ] / give-gave- **given** [ギブ ゲイブ ギブン] ☞19

## 1 受動態（～される）の基本
be＋過去分詞

## A 受動態の作り方　Honey **is made** [ハニ] [バイ ビーズ] by bees.

**能動態**の文（**～する**）を**受動態**の文（**～される**）に変える時は、基本的に以下の手順で行う。

① 能動文の目的語を受動文の主語にする。
② 能動文の動詞を**過去分詞**に変え、**be**を付けて**be ＋ 過去分詞＝受動態** にする。
　**be** の形は、例文に示すとおり、能動文の │ **時制** │ と受動文の主語に合わせる。
③ 能動文の主語を受動文の最後に置いて、〈 *by* … ： …によって 〉の形にする。

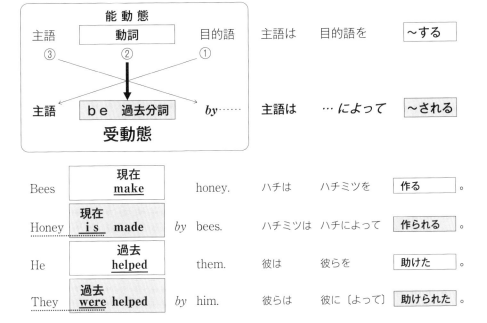

◇ them は**目的語** ⇒ **目的格** / him は *前置詞* の後ろ ⇒ **目的格** ☞p84

# B 3種類の文型 — の受動態 The drug [ is given ] *to* malarial patients.

[ドゥラッグ] ... [マレリアル ペイシャントゥ (ッ) ]

その薬はマラリアの患者に 与えられる。

A）**能動文** を B）**受動文** に変える時は、A の**目的語O**が、B の**主語S**になる。

だから、 受動態 に変えられるのは、目的語のある第3～第5文型の文に限られる。☞p12

|  | | S | V | O人 O もの | |
|---|---|---|---|---|---|
| 第3文型 ☞前ページ例文 | A) | They | **respect** | me. | |
|  | B) | I | am respected | | *by* them. |

| 第4文型 | | S | V | O人 | O もの | |
|---|---|---|---|---|---|---|
| | 1. A) | They | **give** | him | a big salary. | |
| | B) | He | is given | | a big salary | *by* them. |
| | 2. A) | They | **give** | him | a big salary. | |
| | B) | A big salary | is given | *to* him | | *by* them. |

| 第5文型 | | S | V | O | C | |
|---|---|---|---|---|---|---|
| | A) | They | **call** | her | Boss. | |
| | B) | She | is called | | Boss | *by* them. |

第3文型：　A）彼らは私を尊敬している。 [リスペクトゥ (ティドゥ) ]

　　　　　B）私は彼らによって（から）尊敬されている。

第4文型：　　　　この文型は**O**が2つあるので、2通りの受動文が考えられる。

　　　　　　　　2つの**O**のうち、<u>一方が主語になり</u>、<u>もう一方は元の位置に残る</u>。

　　1. A）彼らは彼に高給を与えている。◇give ☞p23 ※ [ビッグ サラリ]

　　　　B）彼は彼らによって（から）高給を与えられている。

　　2. A）彼らは彼に高給を与えている。

　　　　B）高給が彼らによって（から）彼に与えられている。

　　　　　　◇この受動文ではふつう、元の位置に残った**O人**の前に"*to*"が付く ——

　　　　　　もの [ is given ] *to* 人 （ものが 人 に 与えられる ） —— の形になる。

　　　　　　☞ページ冒頭の例文

第5文型：A）彼らは彼女をボスと呼んでいる。 [コール (ドゥ) ]

　　　　　B）彼女は彼らによって（から）ボスと呼ばれている。 ◇Cは元の位置に残る。

## C 「受動態」の全体像 **is sold** / **was sold** / **will be sold** …
　　　　　　　　　　　　　　　[ソウルドゥ]
　　　　　　　　　　　売られる　　　売られた　　　売られるだろう

　**受動態**（be+**p p**過去分詞）は、おもに下の7種類の形（時制）で使われる。◇上 sell（売る）[セル] -sold-sold
　この1〜7のパターンでは、全パターンに共通する**be p p**の部分が受動態の意味（**〜される**/ など）を表し、**be** が〈**現在：is**〉〈**過去：was**〉〈**未来：will be**〉… と変化することで7種類の意味が表現される。7種類は「基本4パターン」に整理することができる。

|  |  | 受　動　態<br>be　過去分詞 |  |  |
|---|---|---|---|---|
| 1. | 現在 | is など　p p | 〜される |
| 2. | 過去 | was など　p p | 〜された |
| 3. | 未来<br>☞p26 | will　be*　p p | 〜されるだろう<br>◇助動詞の後ろは原形*。 |
| 4. | 現在進行形<br>☞p28 | is など　being p p | 〜されている〔ところだ〕 |
| 5. | 過去進行形 | was など　being p p | 〜されていた |
| 6. | 現在完了<br>☞p29 | have など been　p p | 〜されてしまった〔など〕 |
| 7. | 過去完了 | had　　been　p p | 〜されてしまっていた |

◆基本4パターン

Ⅰ．基本形
( be　　p p )

Ⅱ．助動詞を含む形
( 助　be*　p p )

Ⅲ．進行形
( be　being p p )

Ⅳ．完了形
( have been p p )

| | 1. | it | is | sold | 売られる |
|---|---|---|---|---|---|
| | 2. | it | was | sold | 売られた |
| | 3. | it will | be | sold | 売られる だろう |
| | 4. | it is | being | sold | 売られて いる〔ところだ〕 |
| | 5. | it was | being | sold | 売られて いた |
| | 6. | it has | been | sold | 売られて しまった [など] |
| | 7. | it had | been | sold | 売られて しまっていた |

# ② 受動態のいろいろな形

## Ⓐ 基本形 / 助動詞 / 進行形

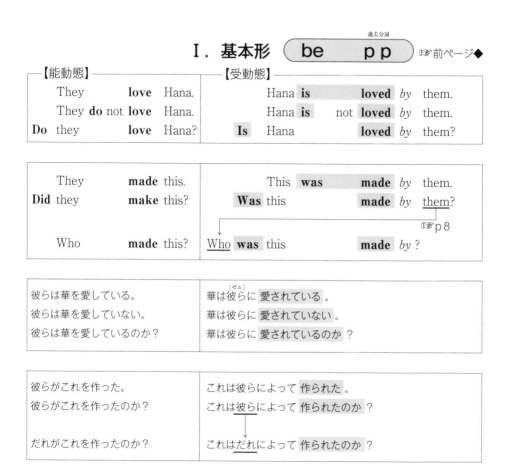

**Ⅰ．基本形** ( be 〔過去分詞〕 p p ) ☞前ページ◆

【能動態】

| They | **love** | Hana. |
| They **do** not **love** | Hana. |
| **Do** they | **love** | Hana? |

【受動態】

Hana **is** **loved** *by* them.
Hana **is** not **loved** *by* them.
**Is** Hana **loved** *by* them?

---

| They | **made** | this. |
| **Did** they | **make** | this? |

This **was** **made** *by* them.
**Was** this **made** *by* them? ☞p 8

Who **made** this?
Who **was** this **made** *by* ?

---

彼らは華を愛している。
彼らは華を愛していない。
彼らは華を愛しているのか？

華は彼らに 愛されている [ゼム] 。
華は彼らに 愛されていない 。
華は彼らに 愛されているのか ？

---

彼らがこれを作った。
彼らがこれを作ったのか？

だれがこれを作ったのか？

これは彼らによって 作られた 。
これは彼らによって 作られたのか ？

これはだれによって 作られたのか ？

## Ⅱ．助動詞　　助　be p p　☞p47 ◆

| 【能動】We | **must** | | **do** | something. | [サムスィング]（何かを⇒）何とかしないといけない。 |
| 【受動】Something | **must** | **be** | **done** | . | （何かがされないといけない⇒）同上。 |
| | | | | | |
| I | **can't** | | **help** | it. | [ヘルプ（トゥ）]（私はそれを避けることができない⇒）[慣用] それは仕方がない。 |
| It | **can't** | **be** | **helped** | . | （それは避けられることができない⇒）[慣用] それは仕方がない。 |

## Ⅲ．進行形　be being p p　☞p47 ◆

| She | **is** | | **using** | you. | use [ユーズ（イング／ドゥ）] 彼女はあなたを利用している。 |
| You | **are** | **being** | **used** | *by* her. | あなたは彼女に利用されている。 |
| | | | | | |
| 2 men | **were** | | **tailing** | him. | [テイル（テイリング／テイルドゥ）] 2人の男が彼を尾行していた。 |
| He | **was** | **being** | **tailed** | *by* 2 men. | 彼は2人の男に尾行されていた。 |

## B 〈by … : …によって〉の省略　The road **is closed** .

[ロウドゥ]　　close (d) [クロウズ（ドゥ）]

その道は（閉じられている⇒）通行止めだ。

〈by … : …によって〉の部分は省略される場合の方が多い。☞ 上Ⅱ

My bike **was stolen** .

[バイク]私の自転車が盗まれた。

The benches **are painted** once a year.

[ベンチズ]　　[ワンサ イァ]　　[ペイントゥ（ティドゥ）]ベンチは 年に1度、ペンキを塗られる（塗り替えられる）。

German **is spoken** in Austria.

[オーストゥリァ]　　[ジャーマン]　　[スポウクン]オーストリアではドイツ語が話されている。

49

## ③ 受動態を含む慣用表現 He **is said to** be in Amsterdam.

<sub>say-said</sub>
<sub>[セイ セッドゥ]</sub>

<sub>[アムスタダム]</sub>

彼はアムステルダムにいると言われている。

*by 以外の前置詞を伴うものが多い。*

| | | |
|---|---|---|
| 1 | be interested **in** … | [インタレストゥ (ティドゥ)] …に興味がある |
| 2 | be surprised **at** … | [サプライズ (ドゥ)] …に（驚かされる⇒）驚く |
| 3 | be covered **with** … | [ウィズ] [カバー (ドゥ)] …で覆われている |
| 4 | be filled **with** … | [フィル (ドゥ)] …で（満たされている⇒）一杯だ |
| 5 | be known **to** … | [ノウン] …に知られている |
| 6 | **They say that** s 〜 | [They] （世間の人は that 以下だと言う↓）☞p18 ② |
| | **It is said that** s 〜 | （それすなわちthat以下が言われている↓）☞p57 ▶ |
| | s **be said to** 〜 | 〜と言われている ☞ ページ冒頭の例文 |

1. They **are interested** only **in** money.
   彼らは（金にだけ興味がある⇒）
   金にしか興味がない。
   <sub>[マニ] [オウンリ]</sub>

2. Everyone **was surprised at** her skill.
   誰もが彼女の技術（腕前）に驚いた。
   <sub>[エブリワン] [ハー] [スキル]</sub>

3. The playground **is covered with** snow.
   運動場は　雪で覆われている。
   <sub>[プレイグラウンドゥ] [スノウ]</sub>

4. My life **is filled with** regrets.
   私の人生は後悔〔すること〕で一杯だ。
   <sub>[ライフ] [リグレットゥ (ツ)]</sub>

5. This fact **is** not **known to** the public.
   この事実は一般の人には知られていない。
   <sub>[ファクトゥ] [パブリック]</sub>

6. **They say that** he 　　　 is dying.
   彼は〔×死んでいる〕死にかけている
   （危篤だ）と言われている。
   <sub>[ダイイング]</sub>

   = **It is said that** he 　　　 is dying.
   ◆ die → is dying ☞p28 ④/ p57 ◆
   死ぬ　死にかけている
   <sub>[ダイ]</sub>

   = 　　　 He **is said to** be dying.
   He is *dead*.
   　　　死んでいる〔形容詞〕
   <sub>[デッドゥ]</sub>

50

# Day 4 不定詞

不定詞（そして分詞／動名詞）の用法に入る前に、ここではその予備知識として、動詞の「2通りの使い方」を確認しておきましょう。

## ♪ 動詞の2通りの使い方 —— 文中のどこで使うか

動詞には2通りの使い方がある：

1つは、述語動詞V として使う基本的な用法 —— 〈S・V…〉の形で文の骨格を作る用法。☞p12

もう1つは、V以外の位置▼ で使う用法、すなわちこの Day 4 と次の Day 5 で述べる用法である。

| | | S | V | O | |
|---|---|---|---|---|---|
| ① | | He | plays | the koto. | 彼は琴を弾く。[プレイズ] |

| | | S | V | O▼ | |
|---|---|---|---|---|---|
| ② | | He | likes | **to play** the koto. 不定詞 | 彼は琴を弾くことが好きだ。[ライクス] |

| | S▼ | V | C | |
|---|---|---|---|---|
| ③ | **Playing** the koto 動名詞 | is | his hobby. | 琴を弾くことは彼の趣味だ。[ホビ] |

| | | S | V | O | |
|---|---|---|---|---|---|
| ④ | | He | is playing | the koto. | 彼は琴を弾いている。 |

| S | 修飾語▼ | | V | C | |
|---|---|---|---|---|---|
| ⑤ The man | **playing** the koto 現在分詞 | | is | my uncle. | 琴を弾いている男は私のおじだ。[アンクル] |

① "**plays**＝現在形"は述語動詞Vとして使われている。

② "**to play**＝不定詞"は目的語Oとして —— 述語動詞V以外の位置▼で —— 使われている。 ☞p15

③ "**Playing**＝動名詞"は主語Sとして使われている。 ☞p14

④ "**is playing**＝現在進行形"は述語動詞Vとして使われている。 ☞p28

⑤ "**playing**＝現在分詞"は主語に係る修飾語として使われている。 ☞p13

# ① 不定詞（to 原形）の基本３用法 Kids like **to play**.

子供は遊ぶことが好きだ。

**不定詞** to + **動詞原形** は、基本的に、以下の３種類の用法で使われる。

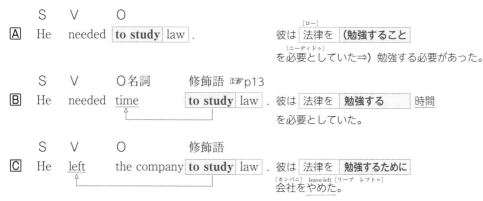

|  |  |
|---|---|
| **Ⓐ 名詞的用法** | 「~すること」という意味を表す。上例文：**不定詞** が目的語Oになり、名詞のように（Ⓑの time と同じように）使われている。 |
| **Ⓑ 形容詞的用法** | 前の**名詞**（または代名詞）**を修飾する**。例文：**不定詞** が名詞 time を修飾し、形容詞のように使われている（何のための「時間」かを説明）。 |
| **Ⓒ 副詞的用法** | 「~するために」などの意味を表す。例文：**不定詞** が動詞 left を修飾し、副詞のように使われている（何のために「やめた」のかを説明）。 |

**知ってる?** hard work と work hard ── **形容詞** は**名詞**に係る / **副詞**は**動詞**などに係る

「どのように」を意味する副詞は動詞の後ろから係る場合が多い。

A 名詞的用法：「～すること」 My dream is **to be** a comedian [コミーディアン] .

私の夢はお笑い芸人になることだ。

**名詞的用法**の意味「**～すること**」は、下の慣用表現のように意訳される場合が多い。

**To travel** in time is impossible.

＝It is impossible **to travel** in time .

時間の中を**移動すること**（タイムスリップ）[トゥラブル]
は不可能だ。[インポサブル]
　　　　　　　　　　　◇"it・to"構文　☞p56
（それすなわち to 以下は不可能だ⇒）上訳

Dad, I want* **to poop** .

とうちゃん、（私は **ウンチをすること** [ダッドゥ][プープ]
を望む⇒）ウンチがしたい。[ウォントゥ]

◆慣用表現

| | | |
|---|---|---|
| want* / hope ｜to ～ | ～（することを望む　⇒）したい [ホゥプ] |
| begin / start ｜to ～ | ～（することを始める　⇒）し始める [ビギン] |
| try / attempt ｜to ～ | ～（することを試みる　⇒）しようとする [トゥライ/アテンプトゥ] |
| intend / mean ｜to ～ | ～（することを意図する⇒）するつもりだ [インテンドゥ/ミーン] |

（私はすべき仕事を持っている⇒）すべき仕事がある。

B 形容詞的用法：**名詞** **to ～**　　 I have work **to do** .

You have the right **to remain** silent .

Bob Dylan became the first musician **to win** the Nobel Prize for literature .

（君は権利を持っている **黙ったままでいる** ⇒）あなたには黙秘権があります。[ライトゥ][サイラントゥ][リメイン]

　　　　　　　　　　　　　　　　　　◇remain　☞p14

ボブ・ディランは（最初の音楽家　になった　**文学のためのノーベル賞を勝ち取る** ⇒）[ファーストゥ ミューズィシャン][ビケイム][フォ リタラチャー][ノウベルプライズ][ウィン]
become-became

音楽家として初のノーベル文学賞受賞者になった。

〔私たちは〕生きるために食うので、食うために生きているのではない。

## C 副詞的用法：「〜するために」など　We eat to live , not live to eat .
[イートゥ] [リヴ]

**副詞的用法**はいろいろな意味を表すが、それらは**前後関係**などで判断することができる。

| 不定詞の基本3用法 | 名詞的方法：「〜すること」 | hope | to pass | ：合格すること | を望む |
|---|---|---|---|---|---|
| | | | | | ⇒合格したい |
| | 形容詞的用法：前の名詞に係る | way | to pass | ：合格する | 方法 |
| | **副詞的用法** ① 「〜するために」（目的） | study | to pass | ：合格するために | 勉強する |
| | ② 「〜して」がっかりする；喜ぶ | happy | to pass | ：合格して | うれしい |
| | ③ 「〜するなんて」天才だ；狂ってる | lucky | to pass | ：合格するなんて | 運がいい |
| | ④ 「〜するのが」簡単だ；不可能だ | hard | to pass | ：合格するのが | 難しい |

① She is doing a part-time job to help her mother .

　母を**助けるために**
彼女はアルバイトをしている。 ☞p28

＝She is doing a part-time job in order to help her mother .

◇in order to　☞p58

② I'm sorry to call you at this late hour .

　こんな遅い時間に**電話して** 申し訳ない。

③ He is foolish to believe such a story .

　そんな話を**信じるなんて** 彼はアホだ。

④ This song is easy to learn .

　この歌は（ **覚えるのが** 簡単だ⇒）
覚えやすい。

　＝It is easy to learn this song .
　☞p56

　〔それすなわち〕この歌を**覚えること** は
簡単だ（覚えるのは簡単だ）。

## 2 不定詞の主語 The best way is *for* you [to resign]<sup>[リザイン]</sup>.

最善の道は（一番いいのは）あなたが辞任することだ。

**不定詞の前の "*for* ……" は不定詞の主語を表す。**

| *for* 主語 | | to 〜 |
|---|---|---|

|  | S | V | | | C | |
|---|---|---|---|---|---|---|
| 1. | The best way | is | | | [to resign]. | ☞p52 Ⓐ |
|  | 最善の道は | | | | 辞任することだ。 | |
| 2. | The best way | is | *for* | him* | [to resign]. | ◇前置詞 の後ろは目的格* |
|  | 最善の道は | | | 彼が | 辞任することだ。 | ☞p70 ◆ |
| 3. | The best way | is | *for* | all *of* us* | [to resign]. | |
|  | 最善の道は | | | 我々〔の〕全員が<sup>[オール オブ アス]</sup> | 辞任することだ。 | |

1. 〈"The best way"が文全体の主語〉の第2文型〖☞p14〗。この文は、「誰が辞任する」のかを言っていない。そこで、例えば「彼が辞任することだ」と言うには――

2. 不定詞 [to resign]<sup>[辞任する]</sup> の前に "*for* him" を置く ―― すなわち、**不定詞の主語**を示す必要がある時は、その前に "*for* 主語" の形を置く。

| 4. | There is no need | | [to go]. | 行く（ゼロの必要がある⇒）必要はない。<sup>[ノウ ニードゥ]</sup> ☞p99 |
|---|---|---|---|---|
| | | | | ◇There is ☞p13 注 / to go ☞p52 Ⓑ |
| | ※There is no need | *for* you | [to go]. | あなたが行く必要はない。 |
| =5. | It is not necessary | | [to go]. | （それすなわち行くことは必要ではない⇒）<sup>[ネセサリ]</sup> |
| | | | | 行く必要はない。◇"it・to"構文 ☞次ページ |
| | ※It is not necessary | *for* you | [to go]. | あなたが行く必要はない。 |
| | ※ = You **don't have to** go. | | | あなたは行かなくてもいい。☞p43 ◆ |

## ③ "it・to"構文  It is easy **to say**.

（**それ**すなわち**言うこと**は簡単だ⇒）<br>□で言うだけなら簡単だ。

| | 仮主語 | | 真主語 | | | |
|---|---|---|---|---|---|---|
| ❷ | (It) | is easy | **to do** so . | | そうすることは 簡単だ。 | |
| | | | | | ◇ to do ☞p53 Ⓐ | |
| | 仮目的語 | | 真目的語 | | | ［ファインドゥ］ |
| ❺ | I find (it) | easy | **to do** so . | | 私は そうすることを 簡単だと思う。 | |

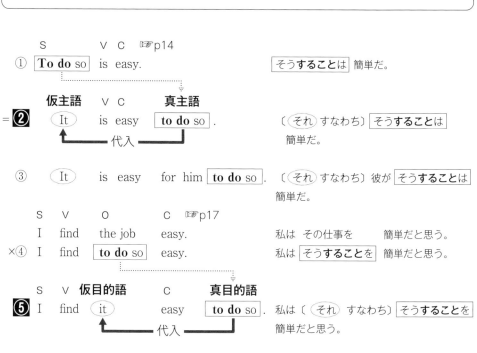

　　　　　S　　　　　V　C　　☞p14
① **To do** so   is  easy.　　　　　　　　　　　　そうすることは 簡単だ。

　　　　　仮主語　　　V　C　　　　真主語
=❷ 　(It)　　is  easy　**to do** so .　　〔(それ) すなわち〕 そうすることは
　　　　　└──── 代入 ────┘　　　　　　　　簡単だ。

③ 　(It)　　is  easy　for him **to do** so . 〔(それ) すなわち〕 彼が そうすることは
　　　　　　　　　　　　　　　　　　　　　　　　　簡単だ。

　　　S　　V　　　O　　　　　C　　☞p17
　　　I　find　the job　　easy.　　　　　私は その仕事を　　簡単だと思う。
×④ I　find　**to do** so　 easy.　　　　　私は そうすることを 簡単だと思う。

　　　S　　V　仮目的語　C　　　真目的語
❺ I　find　(it)　　easy　**to do** so . 私は〔(それ) すなわち〕 そうすることを
　　　　　└──── 代入 ────┘　　　　　簡単だと思う。

❷ ①の 不定詞句 を後ろに移して**真主語**とし《☞p60 **注**》、文頭に**仮の主語**として
　(It) を置いた形。(It) は to 以下 の内容を表す（と等しい）ので、訳す時は
　to 以下 を (It) に代入する（ It を「そうすることは」と訳す）。

③ ❷に不定詞の主語を加えた形《☞前ページ》。"for 以下"全体を真主語と考える。

④ 第5文型では、目的語の位置に 不定詞句 を置くことはできない。

❺ 不定詞句 を後ろに移して**真目的語**とし、その位置に**仮の目的語**として(it)を
　置いた形。❷と同様に、訳す時は to 以下 を (it)に代入。

It  is  better  **not to tell her** .　　（それ すなわち 彼女に**言わ**ないことが）
　　　　　　　　☞**注**　　　　　　　　より良い⇒）彼女には言わない方がいい。

S  V  仮O  C  真O
I  find (it) hard  **to save** .　　（私は それ すなわち **貯金すること**を 難しい ［セイブ］
　　　　　　　　　　　　　　　　　と思う⇒）貯金は無理だ。

　不定詞句　　　　　動名詞句 ☞p70　that節 ☞p18
▶ **to ～** の代わりに、**～ing** や **that ～** などが真主語（真目的語）になることもある。

(It) is  tough  **being a soldier** .　　〔それすなわち〕兵隊〔**であること**〕はつらいよ。[ソウルジャ][ビイング][タフ]

(It) is  clear  **that she is lying** .　　〔それすなわち〕彼女がうそをついている〔という〕[ライイング]
　　　　　　　　　　　　　　　　　ことは明らかだ。◆lie → is lying ☞p28 /[クリァ][ライ]
　　　　　　　　　　　　　　　　　　　　うそをつく うそをついている p50 ◆

Is (it) true  **that he was arrested** ?　〔それすなわち〕彼が逮捕された**という**（ことは⇒）[アレストゥ(ティドゥ)]
　　　　　　　　　　　　　　　　　のは本当か？　　　◇was arrested ☞p45[トゥルー]

**注** 〈not to ～ 〉**不定詞の否定**：不定詞を否定する時は、**不定詞の前に** *not* を置く。

I  promise　　　**to cut**　　taxes.　　　私は税金を**減らすこと** を約束します。tax [タクス(イズ)][カットゥ][プロミス]

I  promise ***not*** to raise  taxes.　　　私は税金を**上げ ない**ことを約束します。[レイズ]


# 4 what to do：どうしたらいいか

〈 *疑問詞* + **不定詞** 〉の形は下のような意味を表す。

| *what* | **to do** | どう | **したらいいか**（*何をすべきか*） |
|---|---|---|---|
| *where* | **to go** | どこに | **行ったらいいか** |
| *when* | **to come** | いつ | **来たらいいか** |
| *how* | **to cook** | （どうやって 料理したらいいか⇒）料理の仕方 / 料理する方法 | |

I had no idea  *what* **to say** .　　　何と言ったらいいか（言っていいか）
　　　　　　　　　　　　　　　わからなかった。◇have no idea：わからない[アイディア]

S  V  O  O
He taught himself *how* **to play** the piano.　彼はピアノの弾き方を（彼自身に教えた⇒）[ヒムセルフ] teach - taught
　　　　　　　　　　　　　　　　独学で覚えた。[ティーチ トートゥ]

57

# ⑤ 不定詞を含む慣用表現 You will soon **come to** understand.

そのうちわかる**ようになる**だろう。

| | | | |
|---|---|---|---|
| 1 | {come / get} | **to ～** | ～するようになる |
| 2 | **happen** | **to ～** | 偶然（たまたま）～する |
| 3 | **fail** | **to ～** | ～しない（できない） |
| 4 | **seem** | **to ～** | ～のようだ（のように思われる） |
| 5 | **in order** | **to ～** | ～するために |
| 6 | **too …** | **to ～** | あまりにも…なので～できない |
| 7 | **have something to do with …**<br>**have nothing to do with …** | | …と〔何か〕関係がある<br>…と〔何も〕関係がない |

1. I **got to** know him through a friend of a friend.　友達の友達を通じて彼（を知るようになった⇒）と知り合いになった。

2. We **happened to** ride on the same bus.　私たちは偶然、同じバスに乗り合わせた。

3. Jim **failed to** keep his promise.　ジムは約束を守らなかった。
   = Jim did not　keep his promise.　　◇keep one's promise：約束を守る

4. She **seems to**　　know it.　彼女は　　それを知っているようだ。
   She **seems to** *have known* it at the time.　彼女はそのときそれを*知っていた*ようだ。

   **to have** *pp*（**不定詞の完了形**）はたいてい"**過去の意味**"を表す。

5. I did everything **in order to** please her.　彼女を喜ばすためにあらゆることをした。
   = I did everything　　**to please** her.　☞p54 ①

6. This is **too** heavy　　**to** lift.　これは重くて　　持ち上げられない。
   This is **too** heavy *for* her **to** lift.　これは重くて彼女には持ち上げられない。
   　　　　　　　　　　　　　　　☞p55

7. His job **has something to do with** the army.　彼の仕事は軍と関係がある。

   Blood type **has nothing to do with** character.　血液型　　は性格とまったく関係がない。

58

# Day 5 <sup>1</sup> 分詞

　分詞は現在分詞（例 seeing ［スィーイング］）と過去分詞（seen ［スィーン］）に分かれますが、この章では次の点がポイントになります。すなわち、**現在分詞**は「**能動**」の意味を表し、**過去分詞**は「**受動**」の意味を表す、という点です。

## ♪ 2種類の分詞 ―― 現在分詞と過去分詞

| 現在分詞：〜ing | 動詞の**原形に**"ing"が付く。動名詞の形と同じ。 ☞p70 |
|---|---|
| 過去分詞：pp | 動詞の活用の3番目。略号の"pp"で表す。 |

◇動詞の活用（3基本形）　　☞p19

規則動詞 clean（掃除する）と 不規則動詞 find（発見する）/ steal（盗む）/ write（書く）の場合、現在分詞と過去分詞は右のようになる。

| 原形 | 過去形 | 過去分詞 | 現在分詞 |
|---|---|---|---|
| クリーン<br>clean | クリーンドゥ<br>cleaned | クリーンドゥ<br>cleaned | クリーニング<br>cleaning |
| ファインドゥ<br>find | ファウンドゥ<br>found | ファウンドゥ<br>found | ファインディング<br>finding |
| スティール<br>steal | ストウル<br>stole | ストウルン<br>stolen | スティーリング<br>stealing |
| ライトゥ<br>write | ロウトゥ<br>wrote | リトゥン<br>written | ライティング<br>writing |

2種類の分詞の用法については、すでに進行形、完了形、受動態の所で述べた。

現在分詞：**❶** be ＋ 〜ing ＝**進行形**　　he is cleaning 掃除している ☞p28

過去分詞：② have＋ pp ＝**完了形**　　he has cleaned 掃除してしまった ☞p29

　　　　　**❸** be ＋ pp ＝**受動態**　　it is cleaned 掃除される ☞p45

　この章では上記 **❶** ～ **❸** 以外の用法を扱う。その用法の現在分詞と過去分詞は、ふつう**"be / have"を伴わずに**使われ、下のような意味を表す。

| 現在分詞：〜ing | 【能動の意味】**〜している；〜する**：など ◇上 **❶** などの意味を表す。 |
|---|---|
| 過去分詞：pp | 【受動の意味】**〜される；〜された**：など ◇普通は **❸** の意味を表す。 |

59

# ① 名詞に係る分詞　a **crying** *boy*名詞　[クライ (イング)] 泣いている少年
分詞の形容詞的用法

**分詞**は形容詞と同様に **名詞を修飾する**が 〖☞p52 **知ってる?** 〗、その場合 ——

◇boil：沸騰する；ゆでる

| 現在分詞 | **～ing** | は「能動」の意味‥‥‥‥‥‥‥‥‥‥ | **～している；～する** | などを表す。 |
| | **boiling** *water* | | [ボイリング] **沸騰している** | [ウォーター] *湯* |
| 過去分詞 | **p p** | はふつう「受動」の意味‥‥‥‥‥‥ | **～された** | などを表す。 |
| | **boiled** *eggs* | | [ボイルドゥ] **ゆでられた** | [エッグズ] *卵* ⇒ ゆで卵 |

a **running** *deer*　　　　　[ラニング] **走っている**　[ディア] シカ

a *deer* **running** at full speed　　[アットゥ フル スピードゥ] 全速力で **走っている** シカ

☞p13 **注**

Is there a *bus* **going** to Nara Park?　奈良公園に **行く** バス はありますか?

☞前ページ

The **stolen** *gun*　　　　was found.　[ストウルン] **盗まれた** [ガン] 銃 が発見された。

☞p45

The *gun* **stolen** in LA was found.　[エル エイ] ロスで Los Angeles **盗まれた** 銃 が発見された。

| **1語** *名詞* ‥‥‥‥‥‥‥‥‥‥‥ | 「**1語**」（単独）で使われる時は**前から**係る。 |
| *名詞* **2語** **以上** ‥‥‥‥‥ | 他の語句を伴って「**2語以上**」になる時は **後ろから**係る。 |

**注** **めんどくさいのは後回し**：英語は、短く単純な部分を先に、長く複雑な部分を あとで言う傾向がある。そのため、2語以上の修飾語は後ろから係る場合が多い。 一方、日本語の修飾語は常に前から係る（どんなに長いものでも）。☞p82

# ② 2種類の【V O 不定詞】と 2種類の【V O 分詞】

　　以下では、2種類の【**V O 不定詞**】と 2種類の【**V O 分詞**】—— 互いの関係を
理解しながら 1つの全体としてとらえるべき 4種類の構文 —— を扱う。


## ♪ 2種類の【V O 不定詞】❶❷

不定詞構文の【（S）V　O **不定詞**】、例えば ——

　　　　　　I　tell　him　**to study**.　　私は彼に**勉強しろ**と言う。

—— は、下の ❷ の場合、不定詞が特殊な形になる。

**❶ V が tell など**
　**の場合**

tell ┃ O ┃ to 原形 ┃　　Oに ┃ ～しろ ┃ と言う

tell ┃ him ┃ to cook ┃　　彼に 料理しろ[クック] と言う
　　　↖ 不定詞は普通の形（to 不定詞）

**❷ V が 知覚動詞[みるきく]*¹**
　**または 使役動詞[させる]*²**
　**の場合**

see ┃ O ┃ 原形 ┃　　Oが ┃ ～する ┃ のを見る
make ┃ O ┃ 原形 ┃　　Oに ┃ ～ ┃ させる[メイク]

see ┃ him ┃ cook ┃　　彼が 料理する のを見る
make ┃ him ┃ cook ┃　　彼に 料理 させる
　　　↖ 不定詞が "to" のない特殊な形（原形不定詞）になる。


*1 知覚動詞[ちかく]：〈see：見る / hear：聞く[ヒァ] / feel：感じる[フィール]〉など、知覚（感覚）を表す動詞
*2 使役動詞[しえき]：〈make / let[レットゥ] / have〉など、〈（…に）～させる〉という意味を表す動詞

**❶ tell** | O | **to 原形** | **Tell** | him | **to drive** . [ドゥライブ]

彼に運転しろと言いなさい。

| tell | O | to ~ | | Oに | ~しろ | と言う |
|---|---|---|---|---|---|---|
| ask | O | to ~ | | Oに | ~してくれ | と頼む [アスク(トゥ)] |
| want | O | to ~ | | Oに | ~して | ほしい [ウォントゥ] |

| Mama **told** | me | | **to do** | it. | ママは〔私にそれを〕しろって言った。[マーマ] [トゥルドゥ] |
|---|---|---|---|---|---|
| Papa **told** | me | *not* | **to do** | it. | パパはするなって言った。[パーパ] |

☞p57 注

| I | **asked** | my granny | | **to stop** | smoking. | 私はばあちゃんにタバコをやめてって頼んだ。[グラニ] [ストップ スモウキング] |
|---|---|---|---|---|---|---|

◇stop ~ing ☞p73 B

| I | **want** | my granny | **to live** | to a hundred. | 私はばあちゃんに100才まで生きてもらいたい。[リブ トゥ ア ハンドゥレッドゥ] |
|---|---|---|---|---|---|

| I | **want** | | **to live** | to a hundred. | 私は100才まで生きたい。 ☞p53 ◆ |
|---|---|---|---|---|

**❷ see** | O | **原形** | **Let** | him | **drive** . 彼に運転させてやりなさい。

**Let** | me | **drive** . 私に運転させてください。

| see | O | ~ | | Oが | ~する | のを見る |
|---|---|---|---|---|---|---|
| hear | O | ~ | | Oが | ~する | のを聞く |
| make | O | ~ | | Oに | ~ | させる [強制] |
| let | O | ~ | | Oに | ~ | させてやる [許可] |
| have | O | ~ | | Oに | ~ | させる [弱い強制] |

| I | **saw** | a roach | **fly** | . | ゴキブリが飛ぶのを見た。[ロウチ] [フライ] [ソー] |
|---|---|---|---|---|---|
| We | **heard** | her belly | **growl** | . | 私らは彼女の腹が鳴るのを聞いた。[ハ ベリィ グラウル] [ハードゥ] |

| She | **made** | us | **do** | 200 push-ups. | 彼女は私らに腕立て伏せを200回やらせた。 two hundred [プシャップ(ス)] |
|---|---|---|---|---|---|
| I'll | **have** | my son | **carry** | your baggage. | 息子に荷物を運ばせましょう。[サン] [キャリィ ヨ バギジ] |

☞p26 ❷

♪ 2種類の【V O 分詞】③ ④  I saw (them **swimming**) in the nude.

[ゼム] [スウィミング] [ヌードゥ]

彼らが裸で泳いでいるのを見た。

61-62ページに示した【V O 不定詞】は下の **❶** と **❷** に分かれる。一方、ここで

取り上げる【V O 分詞】は  ③ see ( O | 現在分詞 ~ing ) と  ④ see ( O | 過去分詞 p p ) に分かれる。

構文 **❷** は **❶** の変形、そして 構文 ③と ④ は **❷** の応用 ── という関係に注意！

**❶**  tell [ O | to 原形 ]　　tell [ him | to cook ]　彼に [ 料理しろ [クック] ] と言う
　　Oに～しろと言う

**❷**  see [ O | 原形 ]　　see [ him | cook ]　彼が [ 料理する ] のを見る
　　Oが～するのを見る

③  see ( O | ~ing )　　see ( him | cooking )　彼が [ 料理している [クッキング] ] のを見る
　　Oが～しているのを見る

④  see ( O | p p )　　see ( it | cooked )　それが [ 料理される [クックトゥ] ] のを見る
　　Oが～されるのを見る
　　☞p59

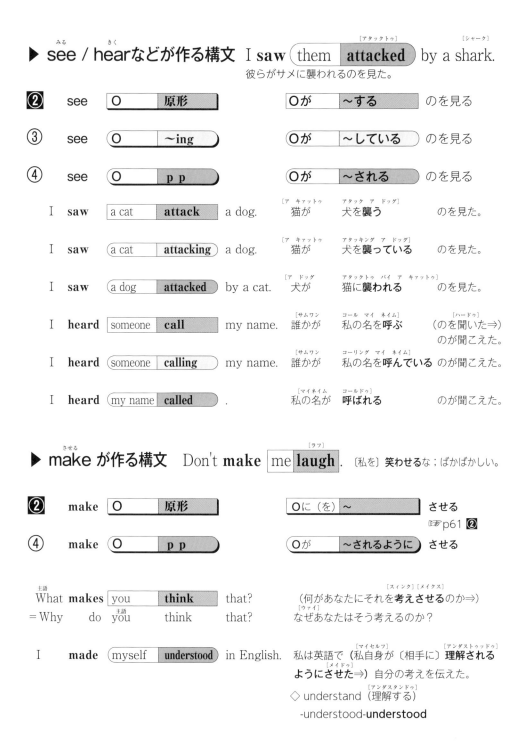

▶ **see / hear**などが作る構文  I **saw** ( them **attacked** ) by a shark. [アタックトゥ] [シャーク]

彼らがサメに襲われるのを見た。

② see ｜ O ｜ 原形 ｜　　　Oが ｜ 〜する ｜ のを見る

③ see ( O ｜ 〜ing )　　　Oが ｜ 〜している ) のを見る

④ see ( O ｜ p p )　　　Oが ｜ 〜される ) のを見る

I **saw** ｜ a cat **attack** ｜ a dog.　猫が 犬を**襲う** [ア キァットゥ アタック ア ドッグ] のを見た。

I **saw** ( a cat **attacking** ) a dog.　猫が 犬を**襲っている** [ア キァットゥ アタッキング ア ドッグ] のを見た。

I **saw** ( a dog **attacked** ) by a cat.　犬が 猫に**襲われる** [ア ドッグ アタックトゥ バイ ア キァットゥ] のを見た。

I **heard** ｜ someone **call** ｜ my name.　誰かが 私の名を**呼ぶ** [サムワン コール マイ ネイム] （のを聞いた⇒） [ハードゥ] のが聞こえた。

I **heard** ( someone **calling** ) my name.　誰かが 私の名を**呼んでいる** [サムワン コーリング マイ ネイム] のが聞こえた。

I **heard** ( my name **called** ) .　私の名が **呼ばれる** [マイ ネイム コールドゥ] のが聞こえた。

▶ **make** が作る構文  Don't **make** ｜ me **laugh** ｜ . 〔私を〕笑わせるな；ばかばかしい。 [ラフ]

② make ｜ O ｜ 原形 ｜　　　Oに（を）〜 ｜ させる
　　　　　　　　　　　　　　　　　　　☞p61 ②

④ make ( O ｜ p p )　　　Oが ｜ 〜されるように ) させる

What **makes** ｜ you **think** ｜ that?　（何があなたにそれを**考えさせる**のか⇒） [スィンク][メイクス]
= Why do you think that?　なぜあなたはそう考えるのか？ [ウァイ]

I **made** ( myself **understood** ) in English.　私は英語で（私自身が〔相手に〕**理解される** [マイセルフ] [アンダストゥッドゥ]
　　　　　　　　　　　　　　　　　　**ようにさせた**⇒）自分の考えを伝えた。 [メイドゥ]
　　　　　　　　　　　　　　　◇ understand（理解する） [アンダスタンドゥ]
　　　　　　　　　　　　　　　-understood-**understood**

**知ってる？** 2種類の接続詞 **If** I fail , I'll quit . = I'll quit **if** I fail .

［フェイル］ ［クイットゥ］

= I will ☞p26 **②** もし失敗したら、辞めます。

▶ **文と文の間**に置かれる **接続詞** （等位接続詞）

I am free , **but** she is busy .     私はひまだ **が** 、 彼女は忙しい 。

［フリー］ ［バットゥ］

▶ **一方の文の頭**に付く **接続詞** （従属接続詞）

**When** I am free , I read comics .     ひまな **とき** 、 私は漫画を読む 。

［リードゥ コミックス］

= I read comics **when** I am free .     ◇ **接 文** は「1つのまとまった意味」を表す。

☞p24, 25

## [3] 分詞構文　Seeing the ad, I hit on a good idea.

［ズィ アッドゥ］ ［ヒットゥ オン］

|  | 接続詞 | 主語 | 動詞 |  |  |  |
|---|---|---|---|---|---|---|
| 1. | **When** | I | **saw** | the ad, | I hit on a good idea. | その広告を 見たとき 、いい考えを思いついた。 |
| =2. |  |  | **Seeing** | the ad, | I hit on a good idea. | ［ソー］ hit-hit |

現在分詞
**分詞構文**　 1の**接続詞**と**主語**を省略して
動詞を**現在分詞**（原形ing）に変えた形

　上の**1**と**2**はほぼ同じ意味を表す。つまり、**2**の**現在分詞**（**Seeing**）は、**1**の**動詞**（**saw**）だけでなく**接続詞**（**When**）の意味も表している
── **Seeing** = **saw**（**見た**）+ **When**（**とき**）。このように、分詞が動詞と接続詞の役割を兼ねる形を「**分詞構文**」という。

分詞構文は、おもに右の
ような意味を表す。

| 時 | 「～したとき：～している間に」など | ☞上 /次ページ |
|---|---|---|
| 理由 | 「～なので」 | |
| 付帯状況 | 「～しながら」など | ☞p68 |

ふ たい

# Ⓐ 分詞構文の作り方 ― 原則と応用　**Seeing** the cop, they ran away.

<small>コップ</small>　<small>run-ran</small>　<small>[ラナウェイ]</small>

警官を（見たとき⇒）見て、彼らは逃げ出した。

A）接続詞を使った普通の文をB）**分詞構文**に変える時は、原則として下のようにする。

☞前ページ

| A） 接続詞　主語 | **動詞** | ①接続詞と主語を省略する。 |
|---|---|---|
| B） ✕　　✕ | **〜ing** | ②動詞を**現在分詞**（原形**ing**）に変える。 |

　　　　　　　　　　　　　　　　　　　　　　　主　節

1．A）**As**　　they **did** *not* **know**　　the language,　they **had** a lot of trouble.

 ＝B）✕　　　✕　　　*Not* **knowing** the language , they **had** a lot of trouble.

　　　　　　　　**進 行 形**　☞p28

2．A）**While** I　　**was**　　**talking**　　with a friend,　I **missed** my stop.

 ＝B）✕　　　✕　　　**Talking** with a friend , I **missed** my stop.

　　　　　　　　　　　　元からある現在分詞をそのまま使う。

　　　　　　　　━━**同じ時**（4以外すべて）━━

3．A）**When** he　　**saw**　　the money,　　he **changed** his note.

 ＝B）✕　　　✕　　　**Seeing** the money , he **change**d his note.

　　　　　　　　**前 の 時** ←

4．A）**As**　　I　　**had**　　**seen**　　her before,　I **knew** her at once.

 ＝B）✕　　✕　　**Having　seen** her before , I **knew** her at once.

　　　　　　　　**受 動 態**　☞p45

5．A）**When** it　　**is**　　**seen**　　from the air,　the island **looks** like an S .

 ＝B）✕　　　✕　　　**Seen** from the air , the island **looks** like an S .

　　　　　　　　　　元からある過去**分詞**をそのまま使う。

**66**

1．彼らは言葉がわからなかった**ので**、（多くの　苦労を持った⇒）非常に苦労した。

> ▶【**否定の分詞構文**】では *not* を分詞の前に置く。助動詞の did（意味なし）は不要。

2．友達と話している**間に**、（自分の停車駅を逃した⇒）乗り越してしまった。

> ▶【**進行形の分詞構文**】
> 　元の文が**進行形**（be + 現在**分詞**）の時は、最初から**分詞** $\boxed{\text{talking}}$ があるので、それを使って分詞構文を作る。

3．金を（見た**とき**⇒）見ると、彼は態度を変えた。
> 　　　　　　　　　　　**能動態**

4．前に見た（会った）ことがあった**ので**、すぐに彼女だとわかった。◇had seen

☞p33. 2

> ▶【**完了形の分詞構文** $\boxed{\text{Having p p}}$】は主節より前の時を表す。

> 　この場合は、助動詞の **had** を **Having** に変えて"Having seen"（完了形の分詞構文）にする —— それによって分詞構文（見たことがあった）が主節（わかった）より「**前の時**」であることを示す。

5．上空から（見られる**とき**⇒）見ると、その島は　S　のように見える（Sの形に見える）。
> 　　　　　　　　　　　**受動態**

> ▶【**受動態の分詞構文**】は $\boxed{\text{過去分詞}}$ で始まる。

> 　元の文が**受動態**（be + 過去**分詞**）の時は、2と同様に最初から**分詞** —— この場合は過去**分詞**の $\boxed{\text{seen}}$ —— があるので、普通はそれを使って分詞構文を作る（過去分詞は単独で「受動」の意味を表す 〔☞p59〕）。4の過去分詞 **seen** は、**Having** と一緒に「前の時」を表しているので、それを単独で使って分詞構文を作ることはできない（**×Seen** her …）。

　3〜5の分詞構文では、同じ動詞（see）が3通りの形で使われていることに注意。また、3の〈$\boxed{\text{Seeing}}$ 見ると〉と5の〈$\boxed{\text{Seen}}$ 見ると〉の違い —— 能動態と受動態—— にも注意。

B 付帯状況：〜しながら He was doing his homework watching TV .

彼はテレビを見ながら宿題をやっていた。

　　上の分詞構文は、彼が どのような状態 で「宿題をやっていた」のかを説明している。つまり、主節の内容が どのような状況 を伴ったかを述べている。このような分詞構文の用法は「付帯状況（主節に付帯する状況）」と呼ばれ、「〜しながら」「〜して」などと訳される。

Fumi killed time playing pachinko . 文はパチンコをして（しながら）時間をつぶした。

Tama came home covered with mud . タマは 泥（で覆われて⇒）だらけになって帰って来た。
前ページ5 ▶

「付帯状況」は主節の後ろに置かれることが多い。◇be covered with ☞ p50


C 付帯状況の"with"　*with* a gun *in* his hand
（ 銃が 　　 手 の 中 　 の状態で⇒）
手に銃を持って

「付帯状況」は《*with* O …… : O が …… の状態で 》の形でも表現できる。

| | | *with* | O | …… | | O が | …… | の状態で |
|---|---|---|---|---|---|---|---|---|
| 1. | Come out | *with* | your hands | up | ! | 両手が | 上 | の状態で |
| 2. Tama | came home | *with* | a snake | in her mouth | . | ヘビが | 口の中 | の状態で |
| 3. Pochi | watched | *with* | his mouth | watering | . | 口が | 出水している | 状態で |
| 4. You | can do it | *with* | your eyes | closed | . | 目が | 閉じられた | 状態で |

☞p59

1. 手を上げて出て来い！　　2. タマは口にヘビをくわえて帰って来た。

3. ポチは口からよだれをたらしながら、じっと見ていた。

4.（目が閉じられた状態でそれをすることができる⇒）それは目をつぶってでもできる〔くらい簡単だ〕。

# 4 分詞を含む慣用表現 I have trouble sleeping.
（眠るのに苦労する⇒）眠れなくて困ってる。

| | | |
|---|---|---|
| 1 | **generally speaking** | 一般的に（言って） |
| 2 | {**speaking** / **talking**} **of** … | …と言えば |
| 3 | **be busy ~ing** | ～するのに忙しい |
| 4 | **have trouble ~ing** | ～するのに苦労する |
| 5 | **spend** 時間 **~ing** | 時間を ～して 過ごす；～して 時間 を過ごす |

1. **Generally speaking**, women live longer than men. 一般的に言って、女は男より 長く ☞p76 生きる。◇woman - women / man - men

2. **Speaking of** Ito, I hear he is running for mayor. 伊藤と言えば、市長に立候補している （とうわさに聞く⇒）そうだ。 ◇run for ～：～に立候補する

3. The students **are busy** studying for their finals. 生徒たちは期末試験（のために勉強する のに⇒）の勉強で忙しい。

4. I **have trouble** learning words. 単語を覚えるのに苦労している。

5. You **spend** a third of your life sleeping . 人は 人生の3分の1を 寝て 過ごす。 ◇You / your ☞ **知ってる？**

## 知ってる？ 「一般の人」を表す"you"  **You** can't buy love.
〔人は〕愛を金で買うことはできない。

　"you"は、普通の意味とは別に、**漠然と「一般の人」を表す**ことがある（その時は**和訳されない**場合が多い）。☞前ページ 4　◇「一般の人」を表す"we"☞p14, 54

You should be kind to that old man. あなたはあの老人に親切にしてあげるべきだ。

**You** should be kind to　 old people. 〔人は〕お年寄り には親切にしてあげるべきだ。

# Day 5 ² 動名詞

動名詞（原形ing）は「〜すること」という意味を表します。名詞としての性質が強く、〈building：（建てること⇒）建物〉〈meeting：（会うこと⇒）会合〉のように、完全に名詞化したものもあります。

## 1 動名詞：〜すること と 不定詞：〜すること の比較

Teaching is learning .　　〔人に〕**教えること**は〔自分自身が〕**学ぶこと**だ。

= To teach is to learn .　　◇不定詞の名詞的用法　☞p52

He likes writing haiku .　　彼は俳句を**作る**（**こと**を好む⇒）のが好きだ。

= He likes to write haiku .　　☞p52

「名詞」の性質が強いので、前置詞 の後ろに置ける。☞ **知ってる?**

Thank you *for* helping me .　　手伝ってくれてありがとう。
　　　　　　　　　　　　　　◇Thank you *for* 〜ing：（〜してくれることのために
Thank you *for*× to help me .　　　　　　　　君に感謝する⇒）〜してくれてありがとう

前置詞 の後ろに〈to・動詞〉は置けない。

**知ってる?** *前置詞* の後ろは名詞 Look *at* Taro. / Look *at* him（×he）.
　　　　　　　　　　　　　　　　太郎を見ろ。/ 彼を見ろ。

*前置詞* の後ろには　**1）名詞**　**2）代名詞**　**3）動名詞**　などが来る。

She talked *to*　　1）the **baby**.　　彼女は**赤ん坊**に**話しかけた**。

I　talked *with* 2）{**him** / **her** / **them**}*.　　私は {彼 / 彼女 / 彼ら} と話した。
　　　　　　　　　　　　　　　　◆前置詞 の後ろの代名詞は**目的格**＊になる。☞p84

We talked *about* 3）going on a trip .　　私らは旅行に**行くことについて**話し合った。

70

## ② 動名詞 〜ing と 現在分詞 〜ing の比較  a sleeping *car*

（眠ることのための車両⇒）寝台車

S             V    C       ☞p14
Her   hobby  is  **flying** a kite .

彼女の趣味はたこを**あげること**だ。

S             V     O       ☞p15
A*  boy    **is**  **flying**  a kite.

☞p28
〔ある１人の〕少年がたこを**あげている**。

S                    V  C
The* *boy*   **flying** a kite is Pip.

たこを**あげている**〔あの〕少年 はピップだ。

◇現在分詞の形容詞的用法 ☞p60 ＊☞ **知ってる？**

a    **sleeping**  *baby*

**眠っている**赤ん坊
◇現在分詞の形容詞的用法

a    **sleeping**  *bag*

（**眠ることのための**袋⇒）寝袋
×眠っている袋
◇動名詞の形容詞的用法 ☞ページ冒頭の例文

---

**知ってる？** a：ある１つの / the：特定の　　　Call for **a** nurse. / Call for **the** nurse.
〔誰でもいいから１人〕看護師を呼べ。〔担当のあの〕看護師を呼べ。

基本的に、**a**（不定冠詞）は「**ある１つの（ある１人の）**」という意味を表し、**the**（定冠詞）は「**特定のもの**」であることを表す。どちらも**和訳されない**場合が多い。

See   **a**  doctor.   医者に見てもらいなさい。◇**ある１人の**（どこかの適当な）医者

See   **the**  doctor.   医者に見てもらいなさい　◇**特定の**（かかりつけのあの）医者

Wear  **a**  helmet.   ヘルメットをかぶれ。　◇**ある１つの（何でもいいから適当な）**ヘルメット

Wear  **the**  helmet.   ヘルメットをかぶれ。　◇**特定の**（横にあるその / いつものあの）ヘルメット

Wear  this  helmet.   この／あの；その　ヘルメットをかぶれ。
          that

　**this** と **that** は　特定のものを実際に指しながら「**この**」「**あの**」と言う時に使われるが、**the** は、特定のものを心の中で指しながら「**その；あの；例の**」という気持ちで使われる。上の"**the** helmet"は話し手と聞き手が共にその存在を知っている「**特定のヘルメット**」であり、話し手がそれを心の中で指しながら"**the** helmet"と言えば、聞き手は何のことかすぐにわかる。

## ③ 動名詞の主語　I'm sure of (your) winning.

［シュア］ ［ウィン（ウィニング）］

私はあなたが勝つことを確信している。

動名詞の主語を示す時は下のようにする。　☞p55　　　◇be sure of 〜 ：〜を確信している

**動名詞の主語が ——**

(代名詞) の場合：(所有格　　　*)を　動名詞 の前に置く。*または目的格 ☞p84

(名　詞) の場合：(そのままの形)を　動名詞 の前に置く。

1．She is　sure of 　　　　　　　　　winning.
　　She is　sure of　(my　/ his　*)　winning.　　　　　　*または me / him
　　She is　sure of　(Ichiro / Japan)　winning.
2．They didn't like　(their daughter)　going　out with Gus.

　　　　1．彼女は　　　〔自分が〕　　　　　　勝つことを確信している。
　　　　　　彼女は　(私が　／彼が)　　　　勝つことを確信している。
　　　　　　彼女は　(一郎が/ 日本が)　　　勝つことを確信している。

go out with 〜

　　　　2．彼らは　(〔彼らの〕娘が)　ガスと**付き合うこと**を好まなかった。

［ゼァ　ドーター］

## ④　後ろに「不定詞 / 動名詞」が続く動詞

後ろに「不定詞 / 動名詞」が続く動詞は、下のように分類できる。

| | | | |
|---|---|---|---|
| Ａ | 後ろに **不定詞** が続く動詞 | hope | **to do** することを望む ×do**ing** |
| Ｂ | 後ろに **動名詞** が続く動詞 | enjoy | do**ing** することを楽しむ ×to do |
| Ｃ | **不定詞** と **動名詞** の両方が続く動詞 —— どちらでも意味が同じもの | like =like | to do doing } することが好きだ |
| Ｄ | **不定詞** と **動名詞** の両方が続く動詞 —— どちらを使うかで意味が変わるもの | forget forget | to do することを忘れる doing したことを忘れる |

［エンジョイ］

［フォゲットゥ］

72

## Ａ hope to do：Betty **hopes to** study in Okinawa.

ベティは沖縄で**勉強**（に留学）したいと思っている。

| care / hope want / wish | to ～ | （～することを望む）～したい |
| --- | --- | --- |
| decide | to ～ | ～することを決心する |
| manage | to ～ | 何とか（どうにか）～する |
| mean | to ～ | ～するつもりだ |

I **wish to** thank him personally. 　　　彼に（個人的に⇒）直接お礼を言いたい。

Tani **decided to** audition for the part. 　谷はその役のオーディションを受ける決心をした。

I **managed to** find a temp job. 　　　何とか派遣の仕事を見つけ〔ることができ〕た。

I didn't **mean to** fool you. 　　　　　あなたをだますつもりはなかった。

## Ｂ enjoy doing：We **enjoyed** sing**ing** Karaoke.

私らはカラオケ〔で**歌うこと**〕を楽しんだ。

| enjoy | ～ing | ～することを楽しむ（～して楽しむ） |
| --- | --- | --- |
| postpone / put off | ～ing | ～するのを延期する |
| stop / give up | ～ing | ～するのをやめる |
| Would you mind | ～ing? | ［慣用］～（することをいやがりますか⇒）していただけませんか？<br>◇mind：いやがる |

I **enjoyed** talk**ing** with you. 　　　　一緒にお話しできて楽しかったです。

They **put off** sign**ing** the contract. 　彼らはその契約〔書〕に署名するのを延期した。

You must **give up** smok**ing**. 　　　あなたはタバコ〔を吸うこと〕をやめないといけない。

**Would you mind** check**ing** it again? 　もう一度（調べることをいやがりますか⇒）調べていただけませんか？

—— Of course not. 　　　　　　　（もちろんいやがらない⇒）いいですよ。

## C like {to do / doing} ： Tama **likes** sitt**ing** [スィッティング] in the sun. [サン]

タマは（日光の中に**座ること**⇒）ひなたぼっこ**が好きだ。**

| begin / start | to ~ | ~し始める [ビギン] | hate | to ~ | ~するのが嫌いだ [ヘイトゥ] |
|---|---|---|---|---|---|
| | ~ing | | | ~ing | |
| continue | to ~ | ~し続ける [コンティニュー（ズ）] | like | to ~ | ~するのが好きだ |
| | ~ing | | | ~ing | |

The snow **began** | to melt / melt**ing** | in the morning sun.
朝日を 受けて 雪が 溶け 始めた。 [モーニング サン] [スノウ][メルトゥ][ビギン]

The gap *between* rich and poor **continues** | to grow / grow**ing** | .
（富者と貧者　の間の　格差⇒） [リッチ アンドゥ プア] [ビトゥウィーン] [ギャップ]
貧富の差が広がり続けている。 [グロウ（イング）]

I **hate** | to wear / wear**ing** | a uniform.
制服を　着るのはいやだ。 [ユーニフォーム] [ウェア（ウェアリング）]

He **likes** | to walk / walk**ing** | on the beach.
彼は海岸を散歩するのが好きだ。 [ビーチ] [ウォーク]

## D forget {to do / *doing*} ： I **remember** *camping* here. [リメンバー] [キャンピング] [ヒァ]
する**こと** した**こと**
ここで **キャンプ したの**を覚えている。

◇不定詞は普通の意味：「（これから）~すること」

| forget | to ~ | ~すること | を忘れる ；~するのを忘れる |
|---|---|---|---|
| remember | to ~ | （~すること | を覚えている⇒）忘れずに~する |
| forget | ~ ing | ~したこと | を忘れる ：~したのを忘れる |
| remember | ~ ing | ~したこと | を覚えている ：~したのを覚えている |

◇ ***動名詞*** は特殊な意味：「（すでに）~したこと」

Don't **forget** | **to get** | a receipt. 領収書をもらうのを忘れないでね。 [リスィートゥ]
= **Remember** | **to get** | a receipt. 忘れずに領収書をもらってきなさい。
I will never **forget** | *meeting* | him. 彼と**会ったこと**は決して忘れない。
I **remember** | *meeting* | her there. そこで彼女と**会ったの**を覚えている。

5 動名詞を含む慣用表現　She came in ***without*** knock**ing**.

[ウィザウトゥ] [ノッキング]

彼女はノックを（することなしに⇒）しないで入って来た。

**"前置詞＋動名詞"** の形をとるものが多い。

| | | | |
|---|---|---|---|
| 1 | ***without*** | ～ing | （～することなしに⇒）～しないで；～せずに ☞上例文 |
| 2 | ***on*** | ～ing | ～するとすぐ |
| 3 | ***worth*** | ～ing | ～する価値がある [ワース] |
| 4 | look forward ***to*** | ～ing | ～するのを楽しみにする [フォーワドゥ] |
| 5 | be used ***to*** | ～ing | ～することに慣れている [ビ ユース トゥ] |
| 6 | keep prevent stop | O ***from*** ～ing | Oが～するのを妨げる（～できないようにする） [フロム] [プリベントゥ] |
| 7 | How What ***about*** ～ing? | | [提案] ～するのはどうですか？ [ハゥ アバウトゥ] |

2. | ***On*** open**ing** the door, I smelled smoke. | ドアを開けたとたん、煙の臭いに
   | **As soon as** I opened |

[オウプニング] [スモウク] [スメル（ドゥ）]

気づいた（の臭いがした）。

◇as soon as S V：SがVするとすぐ
[アズ スーン アズ]

3. It is ***worth*** try**ing**.

[トゥライ（イング）]
それはやってみる価値がある。

4. I am look**ing** **forward** ***to*** see**ing** you all.

[ユ オール]
みんなに会えるのを楽しみにしています。
☞p28 4

5. I am **used** ***to*** work**ing** nights.
   I *¹**used to** work nights.
   I *²**used to** love him.

[ナイツ]
夜 [副詞] 働くことには慣れている。
[ユース トゥ]
以前は夜、働いていた。

昔は彼を愛してい〔る状態だっ〕た。

6. The snow **stopped** us ***from*** tak**ing** off.
   = We **could not** take off **because of** the snow.

[テイク オフ]
（雪は私らが離陸するのを妨げた⇒）
[ビコーズ オブ] [クッドゥ]
私らは雪のために離陸できなかった。

7. How ***about*** call**ing** the FBI?

[ズィ エフ ビィ アイ] [コーリング]
ＦＢＩ（連邦捜査局）に電話したら？

◇ **used to 原形** | *1 [過去の習慣] 以前は～していた〔が今は違う〕
| *2 [過去の状態] 以前は～だった〔が今は違う〕

75

# Day 6 ¹ 比較

「Aは**若い**」と言う時のAは例えば「18才」ですが、「AはB**より若い**」と言う場合は「78才（B 88才）」かもしれません。英語では、この「**実際に ① 若い**」と「**…と比べれば ② 若い**」の違いを明示するために、young[ヤング]の形を変化させます —— ① **young** ② **younger**[ヤンガー] というように。

## 1 比較の基本  Iron is [ライトゥ ライター]**light er** *than*[ザン] gold[ゴウルドゥ]. 鉄は金より**軽い**。

### A 原級・比較級・最上級

| | | | | |
|---|---|---|---|---|
| ① A is | **young** . | | Aは | 若い[ヤング]。 |
| ② A is | **young er** *than* B . | | AはBより | 〔より〕若い[ヤンガー]。 |
| ③ A is the | **young est** *of* | the three. | Aは3人の中で | 一番若い[ヤンゲストゥ]。 |

| | | | | |
|---|---|---|---|---|
| ① C is | **difficult** . | | Cは | 難しい[ディフィカルトゥ]。 |
| ② C is | **more difficult** *than* D . | | CはDより | 〔より〕難しい[モァ ディフィカルトゥ]。 |
| ③ C is the **most difficult** | *of* | the three. | Cは3つの中で | 一番難しい[モウストゥ ディフィカルトゥ]。 |

---

| ① 原級 | **young** <br> **difficult** | ◆形容詞（または副詞）の元の形 |
|---|---|---|
| ② 比較級 <br> 「より〜」 | **young er** <br> **more difficult** | ◆2者を比べて「**より〜；もっと〜**」と言う時の形 <br> 原級の語尾に **er** を付ける場合、 <br> 原級の前に **more** を置く場合などがある。 |
| ③ 最上級 <br> 「一番〜」 | **young est** <br> **most difficult** | ◆3者以上を比べて「**一番〜；最も〜**」と言う時の形 <br> 原級の語尾に **est** を付ける場合、 <br> 原級の前に **most** を置く場合などがある。 <br> 最上級にはふつう **the** が付く。 |

# B 比較変化

原級が**比較級**と**最上級**に変化する形式は、下の Ⅰ～Ⅲ に分かれる。

Ⅰ. "er"型：原級 **er** / 原級 **est** ◆原級（比較的短い）の語尾に er / est を付ける。

|  | 若い | 速い；速く | 高い；高く | 背が高い | 大きい | 早い；早く | 大きい |
|---|---|---|---|---|---|---|---|
| 原級 | young | [ファストゥ] fast | [ハイ] high | [トール] tall | [ビッグ] big | [アーリ] early | [ラージ] large |
| 比較級 | young**er** | [ファスター] fast**er** | [ハイアー] high**er** | [トーラー] tall**er** | [ビガー] bigg**er** | [アーリアー] earli**er** | [ラージャー] larg**er** |
| 最上級 | young**est** | [ファステストゥ] fast**est** | [ハイエストゥ] high**est** | [トーレストゥ] tall**est** | [ビゲストゥ] bigg**est** | [アーリエストゥ] earli**est** | [ラージェストゥ] larg**est** |

☞前ページ

Ⅱ. "more"型：**more** 原級 / **most** 原級 ◆原級（比較的長い）の前に more / most を置く。

|  | 難しい | 美しい | 有名な | 注意深く | ゆっくり |
|---|---|---|---|---|---|
| 原級 | difficult | [ビューティフル] beautiful | [フェイマス] famous | [ケアフリ] carefully | [スロウリ] slowly |
| 比較級 | **more** difficult | **more** beautiful | **more** famous | **more** carefully | **more** slowly |
| 最上級 | **most** difficult | **most** beautiful | **most** famous | **most** carefully | **most** slowly |

☞前ページ

Ⅲ. 不規則変化

|  | 良い | 多い |
|---|---|---|
| 原級 | **good** | [メニ] **many** |
| 比較級 | **better** | **more*** |
| 最上級 | **best** | **most*** |

＊Ⅱの more / most とは別の語

| This is | **good.** |  |  | これはいい。 |
| This is | **better** | *than* | that. | これはそれよりいい。 |
| This is | **the best** | *of* | the three. | これは3つの中で一番いい。 |

| She got | **many** votes. |  |  | 彼女は多くの 票を 獲得した。 |
| She got | **more** votes | *than* | you. | 彼女はあなた より多くの票を獲得した。 |
| She got | **the most** votes. |  |  | 彼女は一番多くの票を獲得した。 |

vote (s) [ヴォウトゥ (ツ)] get-got

77

# ② 3種類の比較表現

## ♪ 「3種類の比較表現」一覧

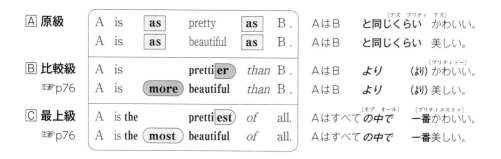

| | | | | | | | | |
|---|---|---|---|---|---|---|---|---|
| Ⓐ 原級 | A | is | **as** | pretty | **as** | B. | AはB | **と同じくらい** かわいい。 |
| | A | is | **as** | beautiful | **as** | B. | AはB | **と同じくらい** 美しい。 |
| Ⓑ 比較級 ☞p76 | A | is | | pretti**er** | than | B. | AはB | **より** (より) かわいい。 |
| | A | is | **more** | beautiful | than | B. | AはB | **より** (より) 美しい。 |
| Ⓒ 最上級 ☞p76 | A | is the | | pretti**est** | of | all. | Aはすべて**の中で** 一番かわいい。 |
| | A | is the | **most** | beautiful | of | all. | Aはすべて**の中で** 一番美しい。 |

## Ⓐ （ as 原級 as … │ … と同じくらい 原級 ）

He is **as** rich **as** you.
彼はあなたと**同じくらい**金持ちだ。

比較表現では、**原級**は下のような形で使われる。

| | | **as** | ~ | **as** | …… | …… | **と同じくらい** | ~ |
|---|---|---|---|---|---|---|---|---|
| | I am | **as** | busy | **as** | a bee. | 私は（ハチと同じくらい忙しい⇒） [慣用] 非常に忙しい。 |
| | Elephants can swim | **as** | well | **as** | dogs. | 象は犬と同じくらい上手に泳げる。 |

| | ***not*** | **as** | ~ | **as** | …… | …… | **ほ ど** | ~ない |
|---|---|---|---|---|---|---|---|---|
| That is | ***not*** | **as** | important | **as** | this. | それはこれ**ほど**重要では**ない**。 |
| They | do***n't*** study | **as** | hard | **as** | Manabu. | 彼らは学ほど熱心に勉強し**ない**。 |

| | X倍 | **as** | ~ | **as** | …… | …… | の | X倍 | ~ |
|---|---|---|---|---|---|---|---|---|---|
| It is | | **as** | large | **as** | the sun. | それは太陽と同じくらいの大きさだ。 |
| It is | twice / three times / four times / half | **as** | large | **as** | the sun. | それは太陽の 2倍 / 3倍 / 4倍 / 半分 の大きさだ。 |

☞p77 [ナスィング] ☞p99

# B （比較級 *than* … ｜ … より 比較級） It is **better** than nothing.
（それはゼロより**良い**⇒）それでもないよりはましだ。

▶ 〈 〜er than … 〉 〈 more 〜 than … 〉 などの形で 〈 … より 〜 〉 という意味を表す。

| | | | | | [イングリッシ] [ジャパニーズ] easy [イーズィ イーズィァ] | |
|---|---|---|---|---|---|---|

English is **easier** *than* Japanese. 　英語は 日本語 よりやさしい。

= Japanese is **more** difficult *than* English. 　　日本語は英語より難しい。

= English is **not as** difficult **as** Japanese. 　英語は日本語ほど難しくない。 ☞ 前ページ

▶ 〔 than … : … より 〕の部分はよく省略される（何と比べているかが明らかな時など）。

[ロンガー] [ロウプ]
I need a **longer** rope. 　もっと**長い**ロープが必要だ。〔これより / それより / など〕

[ハーダー] [トゥライ]
You should try **harder**. 　あなたは**もっと一生懸命**に努力すべきだ。

〔今より / これまでより / など〕

[インタレスティング]
This is **more** interesting. 　こっちの方が面白い。〔そっちより / など〕

▶ 比較級には、下のような修飾語が付くことがある。

[スマートゥ]
You are very **smart.** 　　　　　あなたは 　　　　とても 頭がいい。

[イーブン] [スマーター]
He is even **smarter** than you. 　彼は〔その〕あなたより さらに 頭がいい。

[マッチ]
He is much **smarter** than you. 　彼は 　　　あなたより ずっと 頭がいい。
a little 　　　　　　　　　　　　　　　　　　　　　　少し [ア リトゥル]

▶ 以下の例では、「実際の彼」と「見かけの彼」を比較。

He is **older** than he looks.
= He is **not as** young **as** he looks.
= He looks **younger** than he is.

彼は（彼が見えるより 　　　⇒）見かけより年をとっている。 ◇looks ☞p14

[オウルダー]

彼は（彼が見えるほど 　　　⇒）見かけほど若くない。 ◇not as 〜 as ☞前ページ

　　　　　　　is
彼は（彼がイコールであるより⇒）実際より 若く見える。 ◇Is ☞p14 **知ってる？**

79

C （the 最上級 ｜一番 ～ ）　Mercury is **the smallest** *of* the 8 planets.
[マーキュリ]　[スモーレストゥ]　[ズィ エイトゥ プラネットゥ (ツ)]

水星は8つの惑星の中で一番小さい。

▶ 〈the ～est〉 〈the most ～〉 などの形で 〈一番～；最も～〉 という意味を表す。

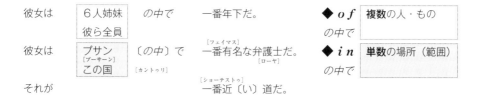

She is **the**　　　**youngest**　　　*of*　| the 6 sisters |
　　　　　　　　　　　　　　　　　　　　| them* all |　.　　◇ 前置詞の後ろは目的格*
　　　　　　　　　　　　　　　　　　　　　　　　　　　☞p70 ◆

She is **the most** famous　lawyer　*in*　| Pusan |
　　　　　　　　　　　　　　　　　　　　　| this country |　.

It is　**the**　　　　**shortest**　way.

彼女は　| 6人姉妹 |　の中で　　一番年下だ。　　◆ *of*　| 複数の人・もの |
　　　　| 彼ら全員 |　　　　　　　　　　　　　　　の中で

彼女は　| プサン |　〔の中〕で　一番有名な弁護士だ。　◆ *in*　| 単数の場所（範囲） |
　　　　[プーサーン]
　　　　| この国 |　[カントゥリ]　　[フェイマス]　　[ローヤ]　　　の中で

それが　　　　　　　　　一番近〔い〕道だ。
　　　　　　　　　　　[ショーテストゥ]

▶ He is　**the fastest** runner *in* the team.　彼はチームの中で一番速いランナーだ。
　　　　　　[ティーム]　[ラナー]

= He runs 〔**the**〕**fastest**　　*in* the team.　彼はチームの中で一番速く走る。
　　　　　　　　　　　　　　　　　　　　　　　[ランズ]

　　　　　　　　　　　　　　◆副詞の最上級には　the を付けなくてもいい
　　　　　　　　　　　　　　　　　☞ p52 知ってる？

▶ I am **the**　　　　**smartest** *in* the class.　私はクラスで　　　　一番　頭がいい。
　　　　　　　　　　　　　　　　　　　　　　　[クラス]　　　　[スマーテストゥ]

I am **the** | second | **smartest** *in* the class.　私はクラスで | 2番目 | に　　頭がいい。
　　　　　　　　　　　　　　　　　　　　　　[セカンドゥ]

　　　| third |　　　　　　　　　　　　　　| 3番目 | [サードゥ]

　　　| fourth |　　　　　　　　　　　　　| 4番目 | [フォース]

I am　| by far |　**the smartest**.　　　私は　| 断トツで | 〔一番〕頭がいい。
　　　　　　　　　　　　　　　　　　　　　　[バイ ファー]

▶ It is　　　　**the best** film　*this year*.　それは 今年 〔では〕一番の映画だ。
　　　　　　　　　　　　　　　　　　　　　[フィルム (ズ)]

It is one of　**the best** films　*this year*.　それは 今年一番の 〔部類に入る〕映画の1つだ。

　　　　　　　　　　　　　　　　　　　　　　　◇ *this year* ☞p97 ◆

## ③ 比較を含む慣用表現 Please answer ASAP.
〔プリーズ〕 〔アンサー〕 〔エイ エス エイ ビー〕

できるだけ早く返事をください。

| | | |
|---|---|---|
| 1 | <u>as</u> <u>soon</u> <u>as</u> possible = ［略］<u>A</u> <u>S</u> <u>A</u> <u>P</u> | 〔ポサブル〕 〔スーン〕<br>できるだけ（すぐに⇒）早く；至急 |
| 2 | **as many as** ～ | 〔メニ〕<br>（多いことを強調して）～もの |
| 3 | **no longer** ～；**not** ～ **any longer** | 〔エニ〕<br>もう（もはや）～ない |
| 4 | 比較級 **and** 比較級 | だんだん～；ますます～ |
| 5 | the 比較級, *the* 比較級 | より～なら、そのぶんだけ より…<br>◇2つの the は特殊な副詞。 |
| 6 | **at most** | （一番多くても⇒）多くても；せいぜい |
| 7 | **at least** | 〔リーストゥ〕<br>（一番少なくても⇒）少なくとも<br>〔リトゥル〕　　　　〔レス〕<br>◇little（少ない；少なく）- less- **least** |

1. Please answer **as soon as possible**.　　　できるだけ早く返事をください。

2. World War Ⅱ took　　〔ワールドゥ ウォー トゥ〕 〔スィクスティ ミリォン〕
　　　　　　　　　　　　第2次世界大戦は（60百万⇒）6千万もの
　　　　**as many as** 60 million lives.　life-lives　　take-took
　　　　　　　　　　　　人命を　　　奪った。
　　　　　　　　　　　　〔ライフ ライブズ〕〔テイク トゥック〕

3. I'm **no longer** a kid.　　　私はもう子供じゃない。
 = I'm **not**　　　a kid **any longer**.

4. It is getting **warmer and warmer**.　It　　〔ウォーム ウォーマー〕
　　　　　　　　　　　　　　　　　　　〔天候は〕だんだん暖かくなって（いる⇒）きた。
　　　　　　　　　　　　　　　　　　　☞ p24 ②　◇get ☞p14

5. **The sooner,** *the* **better.**　　　〔スーン スーナー〕
　　　　　　　　　　　　　　　　（よりすぐにならそのぶんだけより良い⇒）
　　　　　　　　　　　　　　　　早ければ早いほどいい。

6. I think she is **at most** 40 years old.　〔フォーティ〕　　〔スィンク〕
　　　　　　　　　　　　　　　　　　　彼女はせいぜい40才くらいだろう〔と思う〕。

7. **At least** 6 homeless people　〔ラストゥ ナイトゥ アロウン〕
　　　　　　　　　　　　　　　昨 夜 だ け で、少なくとも6人の
　　　　　　froze to death last night alone.　〔ホウムレス ピープル〕
　　　　　　　　　　　　　　　（家なき人々⇒）路上生活者が凍死した。
　　　　　　　　　　　　　　　〔フリーズ フロウズ〕　　〔デス〕
　　　　　　　　　　　　　　　◇freeze (froze) **to** death
　　　　　　　　　　　　　　　凍える　　　　　死に至る ⇒ 凍死する
　　　　　　　　　　　　　　　　　　　　　　　　☞p98. 4

# Day 6 ² 関係詞

関係詞は**関係代名詞**と**関係副詞**に大別され、それぞれに下のような種類があります。 関係詞 以下 … が**修飾語**になって前の**先行詞に係る**（**先行詞を説明する**）のですが、 その場合、**日本語とは逆に後ろから係る**ということに注意しましょう。

## ♪「関係詞」の全体像

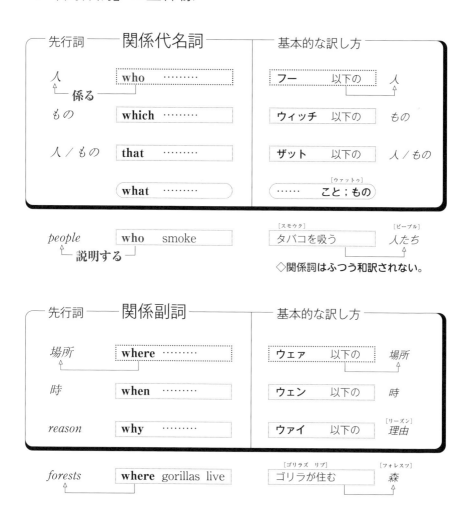

# ① 関係代名詞とは？　I have *a friend* who runs a casino .

[ランズ]　[カスィーノウ]

カジノを経営している
友達がいる。

　下のような"足し算"をする場合、英語では、代名詞の She が ➡ 関係代名詞の who
に変わり、それが**"連結語"の役割**をして2つの文を結ぶ（日本語は連結語を使わない）。

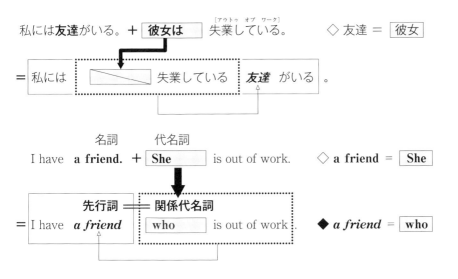

私には**友達**がいる。＋ 彼女は 失業している。　◇ 友達 ＝ 彼女

[アウトゥ オブ ワーク]

＝私には 　失業している 友達 がいる 。

名詞　　　代名詞
I have **a friend.** ＋ She is out of work.　◇ a friend ＝ She

先行詞 ＝＝ 関係代名詞
＝I have *a friend* who is out of work .　◆ *a friend* ＝ who

　◇ a friend ＝ She　であるのと同様に　◆ *a friend* ＝ who ── すなわち**先行詞は
関係代名詞と等しい**。だから**先行詞は関係代名詞に代入できる**。

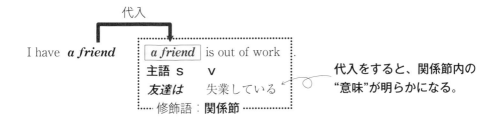

代入

I have *a friend*　*a friend* is out of work .
　　　　　　　　　主語 s　　v
　　　　　　　　　**友達は**　　失業している　　代入をすると、関係節内の
　　　　　　　　　… 修飾語：関係節 …　　　　　"意味"が明らかになる。

　代入の結果、この文では 関係代名詞 が 関 係 節 の中で**主語 s （〜は）になっている**
ことがわかる。

# ② 関係代名詞"who / which / that"の用法

　下に示すように、関係代名詞にはいろいろな形があるが、前ページの例文では、なぜその中の who が使われているのか？

## Ⓐ 主格・所有格・目的格

■ **代名詞**（3人称）

| 名詞 | 文中で —— | | |
|---|---|---|---|
| | **主語S**になるとき | 後ろの**名詞に係る**とき | **目的語O**になるとき |
| | **主格**=基本形:「〜は」 | **所有格**: 「〜の」 | **目的格**（〜を;に;など） |
| 人　　（単数・男）⇨ | h e 　:彼 | h i s | h i m |
| 人　　（単数・女）⇨ | s h e 　:彼女 | h e r | h e r |
| もの　（単数）⇨ | i t 　:それ | i t s [イッツ] | i t |
| 人 / もの（複数）⇨ | t h e y :彼ら;それら | t h e i r [ゼァ] | t h e m [ゼム] |

◇もの=「人」以外すべて

S　　　　V　　　　　　　O
**They** know **her** 名詞son.

彼らは 彼女の [サン] 息子 を知っている。
◇ her :「〜の」という意味で名詞に係る ⇒ **所有格**

S　　　V……………O
**They** know （**him**）.

彼らは （彼） を知っている。
◇ him :動詞Vの目的語 ⇒ **目的格**　☞p15

S　　　V　　　前
**They** work *with* （**him**）.

彼らは （彼） と一緒に [ワーク] 働いている。
◇ him :前置詞 の目的語（前置詞 の後ろの語）⇒ **目的格**
☞p70 ◆

■ **関係代名詞**

| 先行詞 | 関係節〖☞前ページ〗の中で —— | | |
|---|---|---|---|
| | **主語**になるとき | 後ろの**名詞に係る**とき | **目的語**になるとき |
| | **主格**=基本形 | **所有格** | **目的格** |
| 人 ⇨ | w h o | w h o s e [フーズ] | w h o m [フーム] |
| もの ⇨ | w h i c h | w h o s e | w h i c h |
| 人 / もの ⇨ | t h a t | | t h a t |

▶ "who / which / that"のどれを使うか ― は**先行詞**が「**人**」か「**もの**」かで決まる

前ページの**代名詞**は、名詞が「人」か「もの」かなどによって ⇨ のように使い分けられる。
同様に、**関係代名詞**は、**先行詞**が「**人**」か「**もの**」かによって ⇨ のように使い分けられる。
**先行詞**が「**人**」の時は **who** または **that** が使われ、「**もの**」の時は **which** または **that** が
使われる（that は「人 / もの」のどちらにも使える）。
83ページの例文では、**先行詞**（a friend）が「**人**」だから **who** または **that** が使用される。

▶ "**主格・所有格・目的格**"のどれを使うか ― は〈関係節中の役割〉で決まる

前ページの**代名詞**は、文中でどんな役割をするかで ↓ のように変化する。
同様に、**関係代名詞**は、**関係節**の中でどんな役割をするかで ↓ のように変化する。
83ページの例文では、関係代名詞は関係節の中で「**主語**」になっているので、
「**主格**」の基本形がそのまま使われる。従って、この文で使用される関係代名詞は
"**who** または **that** ：**主格**"ということになる。

B 関係代名詞で文を結ぶ方法 I know *an old woman* [ウマン] | **who** has 9 big dogs [ドッグズ] |.
大型犬を9匹飼っているおばあさんを知っている。

代名詞

| | 主格 | 所有格 | 目的格 |
|---|---|---|---|
| 人 | h e | h i s | h i m |
| | s h e | h e r | h e r |
| もの (人以外) | i t | i t s | i t |
| 人 / もの | t h e y | t h e i r | t h e m |

↓　↓　↓

関係代名詞

| | 主格 | 所有格 | 目的格 |
|---|---|---|---|
| 人 | w h o | w h o s e | w h o m |
| もの (人以外) | w h i c h | w h o s e | w h i c h |
| 人 / もの | t h a t | | t h a t |

◆目的格は省略
される場合が多い
☞次ページ。

83ページでやったように、**代名詞**を**関係代名詞**に変えて2つの文を結ぶ時は、上の↓
に従って、「**格**」と「**人 / もの**」の区別が一致するように転換を行う。例えば、「**主格**」
で「**人**」を表す he she they （彼らは） は、同じ「**主格**」で「**人**」を表す who
または that に変わる。あるいは「**目的格**」で「**もの**」の it （それを） と
them （それらを） は、同じ「**目的格**」で「**もの**」の which または that に変わる。
これを実際の文でやってみよう。

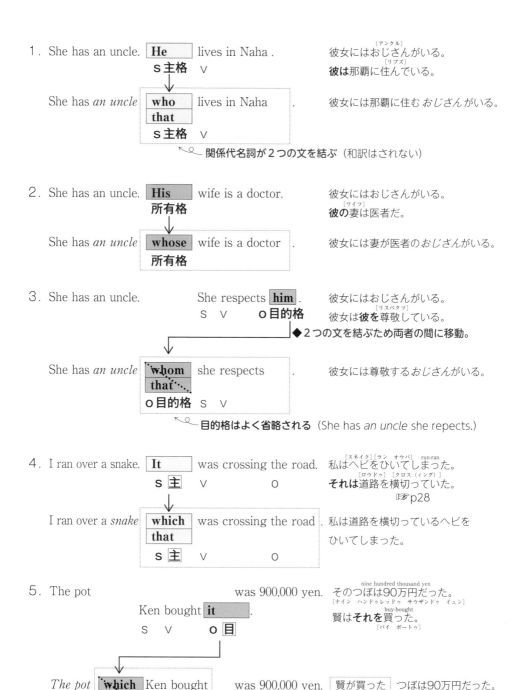

1. She has an uncle. **He** lives in Naha .
   S 主格  V
   彼女にはおじさんがいる。
   彼は那覇に住んでいる。[アンクル][リブズ]

   She has *an uncle* who lives in Naha .
   that
   S 主格  V
   彼女には那覇に住む おじさんがいる。

   ╰─ 関係代名詞が2つの文を結ぶ（和訳はされない）

2. She has an uncle. **His** wife is a doctor.
   所有格
   彼女にはおじさんがいる。
   彼の妻は医者だ。[ワイフ]

   She has *an uncle* whose wife is a doctor .
   所有格
   彼女には妻が医者のおじさんがいる。

3. She has an uncle.　　　　She respects **him** .
   　　　　　　　　　　　　S　V　　　O 目的格
   彼女にはおじさんがいる。
   彼女は彼を尊敬している。[リスペクツ]

   ◆2つの文を結ぶため両者の間に移動。

   She has *an uncle* whom she respects .
   that
   O 目的格　S　V
   彼女には尊敬するおじさんがいる。

   ╰─ 目的格はよく省略される（She has *an uncle* she repects.）

4. I ran over a snake. **It** was crossing the road.
   　　　　　　　　　　S 主　V　　　　　　O
   私はヘビをひいてしまった。[スネイク][ラン オウバ] run-ran
   それは道路を横切っていた。[ロウドゥ][クロス（イング）]
   ☞p28

   I ran over a *snake* which was crossing the road .
   that
   S 主　V　　　　　　O
   私は道路を横切っているヘビを
   ひいてしまった。

5. The pot　　　　　　　　　　　　was 900,000 yen.
   　　　　　Ken bought **it** .
   　　　　　S　V　　　O 目
   そのつぼは90万円だった。nine hundred thousand yen
   [ナイン ハンドゥレッドゥ サウザンドゥ イェン]
   賢はそれを買った。buy-bought
   [バイ ボートゥ]

   *The pot* which Ken bought　　　was 900,000 yen.　賢が買った つぼは90万円だった。
   that
   O 目　S　V

## C 関係代名詞を選ぶ方法

《もの》 つぼを 賢は 買った

*The pot* **which** / **that** Ken bought was a fake. [フェイク]

賢が買った つぼ はにせものだった。

下の ? に入る関係代名詞を右から
選ぶ時は、次の2点を知る必要がある。
*先行詞* は《人》か《もの》か？
**関係代名詞は何《格》か？**

| 先行詞 | 主格 | 所有格 | 目的格 |
|---|---|---|---|
| 人 | who | whose | whom |
| もの | which | whose | which |
| 人 / もの | that | | that |

1. She has *an uncle* [ ? ] **lives** in Naha .
《人》

彼女には那覇に住む
おじさんがいる。

2. She has *an uncle* [ ? ] **wife** is a doctor .

彼女には妻が医者の
おじさんがいる。

3. She has *an uncle* [ ? ] **she** **respects** .

彼女には尊敬する
おじさんがいる。

**関係代名詞の《格》**は、ふつう以下のようにして知ることができる。

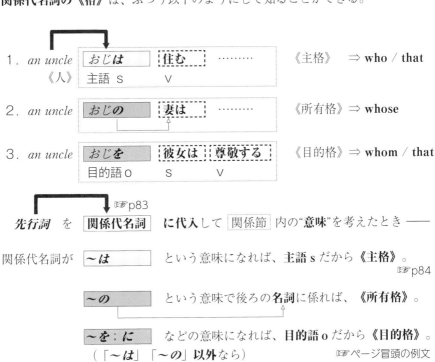

1. *an uncle* おじは 住む ……… 《主格》 ⇒ who / that
《人》 主語 s V

2. *an uncle* おじの 妻は ……… 《所有格》⇒ whose

3. *an uncle* おじを 彼女は 尊敬する 《目的格》⇒ whom / that
目的語 o s V

☞p83

*先行詞* を 関係代名詞 に代入して 関係節 内の"**意味**"を考えたとき ——

関係代名詞が 〜は という意味になれば、**主語 s** だから《主格》。
☞p84

〜の という意味で後ろの**名詞**に係れば、《所有格》。

〜を：に などの意味になれば、**目的語 o** だから《目的格》。
（「〜は」「〜の」以外なら） ☞ページ冒頭の例文

## ③ 名詞 [Sが] [Vする] *people* [I] [love] 私が愛する人たち

目的格の**関係代名詞が省略された所**※には〈 **名詞** S<sub>主語</sub> V<sub>動詞</sub> = Sが Vする　**名詞** 〉
のパターンができる。口語で多用される形なので要注意。☞p86. 3, 5

|  | *The stew* | **that** | she | makes |  | is very good. |
|---|---|---|---|---|---|---|
| = 1. | *The stew* | ※ | she | makes |  | is very good. |
|  | **名詞** |  | Sが | Vする |  |  |

2. This is a *wig* ※ my son bought for me

　**名詞**　　　　　　Sが　　Vする

3. He needs a *friend* ※ he can trust .

1. [彼女が] [作る[メイクス]] シチュー[ステュー]はとてもうまい。

2. これは [息子が[サン]] 私に [買ってくれた<sup>buy-bought [バイ ボートゥ]</sup>] カツラ[ウィッグ]です。　　◇省略＝which / that

3. 彼は 〔彼が〕 [信頼できる[トゥラストゥ]] 友達[ニーズ]が必要だ。　　◇省略＝whom / that
　　　　　　　　　　　　　　　　　　　　　　　　　　　　　　　☞ページ冒頭の例文

## ④ what：「こと；もの」Do ( **what** is right[ライトゥ] ). 正しいことをしなさい。

**what** は先行詞がない特殊な関係代名詞で、( **what** …… ) の形が ( …… **こと** ) または
( …… **もの** ) という意味を表す。

**What** is he doing? 彼は**何を**しているのか？ ☞p28 ◇What＝疑問詞

I wonder [ **what** he is doing ]. [ 彼は**何を**している (のか[ワンダー] と思う⇒) ]んだろう。
　　　　　　　　　　　　　　◇間接疑問　☞p25 **知ってる?**

I support ( **what** he is doing ). ( 彼が している **こと** ) を私は支持する。[サポートゥ]

This is not ( **what** I ordered ). これは ( 私が注文した[オーダー (ドゥ)] **もの** ) じゃない。

## 5 関係副詞 Heaven is *the place* **where** God lives.

天国は神が住む場所だ。

**副詞**

This is the house. ＋ They live **there**. これがその家だ。

彼らが**そこに**住んでいる。

☞p86 ◆

**関係副詞**

= This is *the house* **where** they live. これが 彼らの住んでいる 家だ。

先行詞 ···· 関係節（修飾語）····

☞p83

　**関係副詞**は文と文を結び付ける特殊な副詞で、その用法は関係代名詞と共通する点が多い。関係代名詞と同様に、関係副詞も先行詞の種類によって下のように使い分けられる（関係代名詞のような格変化はない）【☞p84】。上の２つの例文では、先行詞の *place* と *house* が「場所」を表す語なので **where** が使われている。

| 先行詞 | **関係副詞** | |
|---|---|---|
| **場所**＊1 ⇨ | **w h e r e** | ＊1「場所」を表す語 ＝ place / house / city / country / など |
| **時** ＊2 ⇨ | **w h e n** | ＊2「時」を表す語 ＝ time / day / season / year / など |
| *reason* ⇨ | **w h y** | ◇why の先行詞は「reason：理由」のみ。 |
| | **h o w** | ◇how はおもに下の慣用表現で使われる。 |

Friday is the day **when** we eat out.　金曜は私らが外食する日だ。

Tell me the reason **why** you are against it.　君がそれに反対する理由を教えてくれ。

＊3 **That's why** I can't trust him.　だから私は彼を信用できないんだ。

＊4 **This is how** he covered up the scandal.　このようにして彼は事件をもみ消した。

**注** why と how の 慣用表現　This is why I gave up drinking.　こういう訳で私は酒〔を飲むこと〕をやめたんです。　☞p73 B

| | |
|---|---|
| **This is why** … | こういう訳で… : だから… |
| ＊3 **That is why** （That's why） … | そういう訳で… : だから… |
| ＊4 **This is how** … | このようにして… ［など］ |
| **That is how** （That's how） … | そのようにして… ［など］ |

89

# ⑥ 関係副詞と関係代名詞を区別する方法

関係副詞と関係代名詞はふつう、下に示すそれぞれの特徴で区別することができる。

| 関係代名詞<br>の特徴 | *先行詞*を関係代名詞に代入すると、 | 関係節内で<br>**~は**　　（主格）<br>**~の**　　（所有格）<br>**~を；に**（目的格） | などの意味になる。<br>☞p87 |
|---|---|---|---|
| 関係副詞<br>の特徴 | **where**：先行詞（**場所**）を受けて、<br>**when**　：先行詞（**時**　）を受けて、<br>**why**　：先行詞（**理由**）を受けて、 | 関係節内で<br>**そこに；そこで**<br>**そのとき**<br>**その理由で** | という意味になる。 |

This is *the shop* [ 1 ] **he opened** last week.　これは彼が先週始めた*店*だ。

This is *the shop* [ 2 ] **I worked.**　ここは私が働いていた*店*だ。
〔ワークトゥ〕

I recall *the days* [ 3 ] **we were young.**　私たちが若かった*日々*を思い出す。
〔リコール〕

I recall *the days* [ 4 ] **we spent** together.　私たちが一緒に過ごした*日々*を思い出す。
〔トゥゲザー〕〔スペントゥ〕
spend-spent

先行詞を代入
1. その店　　*その店を*　彼は始めた　　⇒　**which / that**
　　　　　　　O　　　S　V

先行詞を受けて
2. その店　　*そこで*　私は働いていた　⇒　**where**

先行詞を受けて
3. その日々　*そのとき*　私たちは若かった　⇒　**when**

先行詞を代入
4. その日々　*その日々を*　私たちは過ごした　⇒　**which / that**
　　　　　　　O　　　　S　　V

# 7 関係詞の継続用法

<ruby>コンマ</ruby>

[コール（ドゥ）オン] ウーナを訪ねた**が**、〔彼女は〕留守だった。

## I called on *Una*, **who** was not home.

= I called on Una, **but she** was not home.

※ She has *two sons* | **who** | live with her.

彼女には同居している<ruby>息子<rt>サンズ</rt></ruby>が*2人*いる。

◇ほかに「同居していない」息子がいるかも。

1. She has *two sons*, | **who** | live with her.

彼女には*息子が2人いて*、

彼らは彼女と同居している。

◇息子は「2人」だけ。

= She has *two sons*, **and they** live with her.

※ 関係詞の一般的な用法で、関係節が先行詞を修飾する。前ページまではすべてこの用法。

1. 関係詞の特殊な用法。**関係詞の前にコンマが入り、文の意味はそこでいったん完結する**\*。それに続く関係節は、*先行詞* について補足的な説明を追加するものであり、一般用法と違って**先行詞を修飾しない**。　\*話し言葉ではいったん休止を入れる。

2. Dennis lent me *his raincoat*, | **which** | was too small for me.

= Dennis lent me his raincoat, **but it** was too small for me.

3. Chaplin moved to *Switzerland*, | **where** | he spent the rest of his life.

= Chaplin moved to *Switzerland*, **and there** he spent the rest of his life.

4. Please wait until *four*, | **when** | she will be back.

2. デニスは私にレインコートを貸してくれた**が**、**それは**私には〔あまりにも〕小さすぎた。
[レインコウトゥ] [レントゥ] [トゥ] [スモール]
lend-lent

3. チャップリンはスイスに移住し、**そこで**（人生の残り⇒）余生を過ごした。
[スウィツァランドゥ] [ムーブ（ドゥ）] [ライフ] [レストゥ] [スペントゥ]

4. 〔どうぞ〕 *4時* まで 待ってください。**その頃には**彼女が帰って来ます**から**。
[プリーズ] [アンティル] [ウェイトゥ] be back

# Day 7 ¹仮定法

〈if ～〉は、すでに何度も出ている**普通の〈もし～〉**と、ここで初めて登場する**仮定法の〈もし～〉**に分かれます。前者は、「もし遅れたら」「もし間違いがあれば」のように、「それは**ありうる**」という気持ちで「もし～」と言うもの。後者は、「もし私が若ければ」「もし魔法のつえがあれば」のように、「現実には**ありえないが**」という気持ちで「もし～」と言うものです。

## ありえないが…
## ① 仮定法は"1つ前の時" if I **had** wings
（もし私が翼を 今持っていれば ⇒）翼が あれば

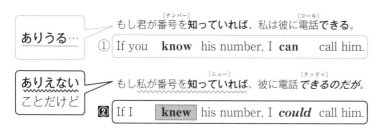

ありうる…

もし君が番号を知っていれば、私は彼に電話できる。

① If you **know** his number, I **can** call him.

ありえないことだけど

もし私が番号を知っていれば、彼に電話できるのだが。

② If I **knew** his number, I *could* call him.

例文①の話し手は、相手は「番号を知っているかもしれない、それは**ありうる**」という気持ちで「もし**知っていれば**」と言っている。これは普通の〈if ～〉であり、「〔今〕知っていれば」と「〔今〕できる」は普通の形（現在形の know と can）になる。一方、**②**の話し手は、「もし〔番号を知らない〕私が番号を知っていれば…」と言っている。英語では、このように、**現実にはありえないことを頭の中で想像して言う**時は、動詞の形を普通より ➡ **"1つ前の時"**（現実から離れた形）にする ── 【現在のこと】は 過去形 で、【過去のこと】は 過去完了 で表す。

| | 【現在のこと】 | 【過去のこと】 |
|---|---|---|
| 普通の表現 ① | 現在形 | 過去形 |
| | ↓"1つ前" | ↓"1つ前" |
| 仮定法 ② | 過去形 | 過去完了 |

had p p ☞p38

だから例文 **②** の場合は、「〔**今**〕知っていれば」を**過去形**の knew で表し、「〔**今**〕できるのだが」も**過去形**の *could* で表現する。このような、現実には**ありえないこと**（または「ありそうにないこと」）を言う時に使う特殊な表現法を、**仮定法**という。

## ② 仮定法 過去 と仮定法 過去完了 if I **knew** / if I **had known**

もし〔今〕知っていれば　　もし〔あのとき〕知っていたら

　仮定法は「仮定法**過去**」と「仮定法**過去完了**」に分かれ、基本的に下のような形で使われる。前ページで述べたように、動詞（助動詞）は普通より"**1つ前の時**"になる。

◇*would*（will の過去形）☞p26 / *could*（can の過去形）☞p42 / *might*（may の過去形）☞p42

|  | もし節 | 主節 |  |  |
|---|---|---|---|---|
| 仮定法 過去 | If s **過去形** | s ⎰ *would* ⎰ *could* ⎱ *might* ⎱ | 原形 | 〔今〕もし **〜なら** 〜するのだが；するだろうに；など 〜できるのだが 〜するかもしれないのだが |
|  | 【現在のこと】 | 助動詞 ＋ | 原形 |  |
| 仮定法 過去完了 | If s **had p p**（過去分詞） | s ⎰ *would* ⎰ *could* ⎱ *might* ⎱ | have p p | 〔過去に〕もし **〜だったら** 〜したのだが；しただろうに；など 〜できたのだが 〜したかもしれないのだが |
|  | 【過去のこと】 | 助動詞 ＋ | have p p |  |

▶**仮定法過去**は【現在のこと】すなわち「〔今〕もし〜なら…」という意味を表す。
"もし節"の動詞は **過去形** になり、主節の助動詞 **も過去形**になり、文の意味に応じて
〈 *would* / *could* / *might* 〉の3種類が使い分けられる。
　　～するのだが〔など〕　～できるのだが　～するかもしれないのだが

▶**仮定法 過去完了** は【過去のこと】すなわち「〔過去に〕もし〜だったら…」という意味を表す。
"もし節"は **過去完了：had p p** 、主節は〈 *would* / *could* / *might* ＋ have p p 〉という形になる。

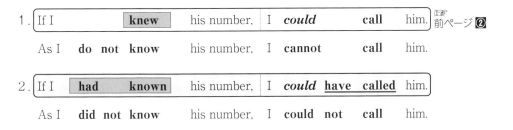

☞前ページ②

1. If I **knew** his number, I *could* call him.
　　As I **do not know** his number, I **cannot** call him.

2. If I **had known** his number, I *could* **have called** him.
　　As I **did not know** his number, I **could not** call him.

1. 〔今〕もし私が番号を**知っていれば**、彼に電話**できるのだが**（できるのになあ / ×できた）。
　　[現実]　　私は番号を**知らない**ので、彼に電話できない。
2. 〔あのとき〕もし私が番号を**知っていたら**、　彼に電話**できたのだが**（できたのになあ）。
　　[現実]　　　　私は番号を**知らなかった**ので、彼に電話できなかった。

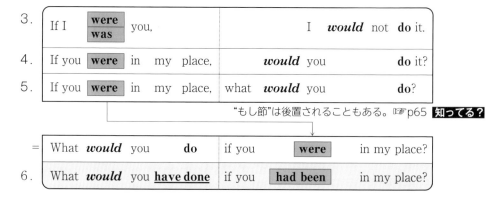

| 3. | If I | were<br>was | you, | | | I | *would* | not | **do** it. |

| 4. | If you | were | in | my | place, | | *would* you | | **do** it? |

| 5. | If you | were | in | my | place, | what | *would* you | | **do**? |

"もし節"は後置されることもある。☞p65 **知ってる？**

| = | What *would* you | **do** | if you | were | in my place? |
| 6. | What *would* you **have done** | | if you | had been | in my place? |

3．〔もし〕私があなたなら、（それを⇒）そうはしないだろうね。◇were ☞ **注**

4．もしあなたが私の（場所にいれば⇒）立場なら、そう（するだろうか⇒）しますか？

5．もしあなたが私の立場なら、（何を⇒）どうしますか？　◇what ☞p8

6．もしあなたが私の立場だったら、どうしましたか？

**注** if I were / if he were：**仮定法過去**では、**be** の形は原則として **were** になる（主語が I や he でも were）。ただし、口語では普通の形"I was / he was "がよく使われる。

As it **is** 　　　　raining, we **cannot go** swimming.　　　［現実］雨が降っているので、
　　　　　　　　　　　　　　　　　　　　　　　　　　　　　　　　　私らは泳ぎに行けない。

If it were not raining, we *could* **go** swimming.　〔もし〕雨が降っていなければ、
　　　was 　　　　　　　　　　　　　　　　　　　　　　　　　　泳ぎに行けるのだが。

◇ It　☞p24 ②　　◇ | go ~ing　　：～しに行く |

◇ is raining　☞p28 | go shopping：買い物〔をし〕に行く<br>go skiing　：スキー〔をし〕に行く |

# ③ 普通の"if ～ "と　仮定法の"if ～ "の違い
## —— 仮定法は「ありえないことだが…」という気持ち

普通の〈if ～ 〉と仮定法の〈if ～ 〉の違いを、ここでもう一度確認しておこう。☞p92

## ○ 普通の〈if ～〉：話し手は「ありうる」という気持ちで「現実」を語る。

| if you | **have** | a question | 〔ありうることだが、今〕 | ◯ → 現実の世界の話 |
|---|---|---|---|---|
| もしあなたが | 質問を持っていれば | | [クェスチョン]<br>もし質問が**あれば** | |

## ■ 仮定法の〈if ～〉：話し手は「ありえないことだが…」という気持ちで「空想」を語る。

| if you | **had** | a time machine | 〔ありえないことだが、今〕 | ◯ → 空想の世界の話 |
|---|---|---|---|---|
| | | | [マシーン]<br>もしタイムマシンが**あれば** | |

| | | | | | | | |
|---|---|---|---|---|---|---|---|
| ① | If she | **knows** | it, | she should | tell | him. | 【現在のこと】 |
| ② | If she | **knew** | it, | why **did**n't she | tell | him? ※ | 【過去のこと】 |

| | | | | | | | |
|---|---|---|---|---|---|---|---|
| **3** | If she | **knew** | it, | she *would* | tell | him. | 【現在のこと】 |
| **4** | If she | **had known** | it, | she *would* <u>have told</u> | | him. | 【過去のこと】 |

① 〔ありうることだが〕もし**知っている**のなら、彼に教えるべきだ。
　◇"If **現在形**(knows)"は普通の"もし節"(仮定法は**過去形**か**過去完了**)。話し手は「彼女が知っていることは
　ありうる(知っているかもしれない)」と思っている。

② 〔ありうることだが〕もし**知っていた**のなら、なぜ彼に教えなかったのか?

| ◆ | | She | told him. | 彼女は彼に教えた(話した)。 | |
|---|---|---|---|---|---|
| | | She **did**n't tell him. | | 彼女は彼に教えなかった。 | ☞p7 |
| | **Did**n't she | | tell him? | 彼女は彼に教えなかったのか? | [否定疑問文] |
| ※ | Why **did**n't she | | tell him? | なぜ彼女は彼に教えなかったのか? | ☞p8 |

　◇普通の文。【過去のこと】を過去形"knew / did"で表している("もし節"は **3** と同じだ
　が、"why以下"は仮定法の形になっていない)。「彼女は知っていた」と聞いた話し手
　は「それはありうる」と考え、「それならなぜ…」と問いかけている。

**3** 〔ありえないことだが〕もし**知っていれば**、彼に**教えるだろうに**。
　◇**仮定法過去**の形。【現在のこと】を**過去形**で表している。話し手は、「現実には知らな
　いのでありえないことだが」と思いながら、「それでも、もし知っていれば…」と
　空想している。

**4** 〔ありえないことだが〕もし**知っていたら**、彼に**教えただろうに**。
　◇**仮定法過去完了**の形。話し手は「現実には知らなかったので**ありえないことだが**」と思いながら、
　「それでも、もし知っていたとすれば…」と空想している。

# 4 仮定法を含む慣用表現　Could you help me?

手伝っていただけませんか？

| | | | | |
|---|---|---|---|---|
| 1 | I wish | S | **過去形** | 〔今〕**~なら**〔いいのに〕なあ |
| | I wish | S | **had p p** | 〔過去に〕**~だったら**〔よかったのに〕なあ |
| 2 | as if | S | **過去形** | まるで**~のように** |
| | as if | S | **had p p** | まるで**~だったかのように** |
| 3 | It is | time | S | **過去形** | もう**~する**時間だ；**~してもいい**頃だ |
| 4 | as it | **were** = so to speak | いわば（例えて言えば） |
| 5 | | want to ~ | ~したい　　　☞p53 ◆ |
| | | **would** like to ~ | [丁寧表現]~したいのですが |
| 6 | Will | you ~? / Can you ~? | ~してくれませんか？☞p26 / p42 **2** |
| | **Would** you ~? / **Could** you ~? | [丁寧表現]~していただけませんか？ |

---

1. **I wish** I **knew** that.　　　　　　　〔今〕それがわかればなあ。
   **I wish** I **had known** that.　　　　〔あのとき〕それがわかっていたらなあ。☞p93

2. He looks **as if** he **were** sick.　　彼はまるで病気のように見える。☞p94 **注**
   He looks **as if** he **had been** sick.　彼はまるで病気をしていたかのように見える。

3. **It's time** you **went** to bed.　　　　もう寝る（×寝た）時間だよ。

4. Animals in the zoo are, **as it were ,**　動物園の動物は、いわば無実の囚人たちだ。
   innocent prisoners.

5. I just **want to** know the truth.　　私はただ　本当のことを知りたいだけだ。
   I**'d like to** cancel my reservation.　予約を　　取り消したいのですが。

6. {**Will** / **Can** }you tell me a story?　（物語を話して⇒）お話をしてくれない？
   {**Would** / **Could** }you tell me why?　（なぜか⇒）理由を教えていただけませんか？

# Day 7 ² 前置詞

英語は『 on Sunday』と言い、日本語は『日曜　に　』と言います。
英語は『前置詞＋名詞　』、　　　日本語は『名詞＋後置詞』ということです。

## ① 「時」を表す前置詞　*on* New Year's Day / *in* winter
元日に　　　　　　　　冬に

| | | | | | | |
|---|---|---|---|---|---|---|
| 1 | *at ~* | ～時/など | に | 2 | *in ~* | 〔今から〕～後に |
| | *on ~* | ～日 / ～曜/など | に | | *within ~* | [ウィズィン] ～以内に |
| | *in ~* | ～月 / ～年 / 季節 / | | 3 | *for ~* | ～の間 [期間の長さを示す] |
| | | 午前；午後/など | に | | *during ~* | [デュアリング] ～の間（どの期間（いつ）かを示す） |

1.

◆ " every / last / next / this " などが付く時は *前置詞* (など) 不要。

2. I'll be back *in* an hour. （今から1時間後に⇒）1時間で戻ります。

☞p26 ❷

　I'll be back *within* an hour. 1時間以内に戻ります。

3. I was there *for* four weeks. 4週間〔の間〕そこにいた。
　I was there *during* the summer. 〔その〕夏の間そこにいた。

# ② 「場所」を表す前置詞  Flies can walk ***on*** the ceiling.

ハエは天井（に接触して⇒）を 歩くことができる。

| | | |
|---|---|---|
| 1 | ***at*** 場所 | 場所に；で |
| | ◇「1地点」と感じられる場所 | |
| | ***in*** 場所 | 場所〔の中〕に；で |
| | ◇「広がりのある空間」と感じられる場所 | |
| 2 | ***into ~*** | ~の中に［移動］ |
| | ***out of ~*** | ~の外に |
| 3 | ***on ~*** | ~に接触して |

| | | |
|---|---|---|
| 4 | ***to ~*** | ~に；へ；まで［到達点］ |
| | ***toward ~*** | ~の方に ［方向］ |
| | ***for ~*** | ~に向かって ［目的地］ |
| 5 | ***along ~*** | ~に沿って |
| | ***across ~*** | ~を横切って |

1. ***at***　the North Pole　北極点に；北極点で；など
　　　　　the gate　　　　門の所に；門の所で；など

　　***in***　my pocket　　ポケットの中に；など
　　　　　the world　　　世界〔の中〕で；など

2. He went ***into***　the room.　彼は部屋（の中に行った⇒）に入って行った。
　　　　came　　　　　　　　　　　（の中に来た　⇒）に入って来た

　　He went ***out of***　the room.　彼は部屋（の外に行った⇒）から出て行った。
　　　　came　　　　　　　　　　　（の外に来た　⇒）から出て来た

3. The key is　　***on*** the table.　かぎはテーブル（に接触して⇒）の上にある。

　　Most fruits grow ***on*** trees.　ほとんどの果物は木（に接触して⇒）になる。

　　　　　　　　　　　　　　　　　◇on の意味は「接触」。☞ページ冒頭の例文

4. I　　　swam　　***to***　　the island.　私は島（に泳いだ⇒）まで泳いで行った。

　　He was　swimming ***toward*** the island.　彼は島の方に泳いでいた。　☞p28

　　We　　left　　***for***　　the island.　私たちは島に向かって出発した。

5. They walked　***along***　the river.　彼らは川に沿って（川沿いの道を）歩いた。
　　They swam　　***across*** the river.　彼らは川を（横切って泳いだ⇒）泳いで渡った。

# Day 7 ³否定語

例文中の**赤文字**は**否定語**です。（頻度など表す**副詞**）の位置は"ｎｏｔ"と同じなので、例えば次のように覚えるのが実践的でしょう —— is **not** ➡ is **never**, is **always** / do **not** help ➡ **never** help, **always** help。◇not ☞p7

| | be動詞 | **副詞** | | | |
|---|---|---|---|---|---|
| He | is | **n o t** | | home. | 〔彼は今〕家にいない。　◇is ☞p14 **知ってる？** |
| He | is | **never** | | home. | 決して〔いつ行っても〕家にいない。 |
| He | is | **always** | | home. | いつも家にいる。 |
| | | | 一般動詞 | | |
| He | does | **n o t** | help* | me. | 〔習慣的に〕手伝わない。　◇助動詞 + 原形* ☞p7 |
| He | | **never** | helps | me. | 〔どんな時も〕決して手伝わない。 |
| He | | **always** | helps | me. | いつも手伝う。 |
| He | | **often** | helps | me. | よく（しばしば）手伝う。 |
| It | does | **n o t** | help* | . | それは　　　役に立たない。 |
| It | | **hardly** | helps | . | それはほとんど役に立たない |

以下の例では"（直訳⇒）意訳"に注意。

| | | | | |
|---|---|---|---|---|
| He | has | **no** | money. | （ゼロの金を持っている⇒）金を**持っていない**。 ☞p13, 55 |
| He | has | **few** | faults. | （ほとんどない欠点を持っている⇒）欠点が**ほとんどない**。 |
| It | has | **little** | value. | （ほとんどない価値を持っている⇒）**ほとんど価値がない**。 |
| | | | | ◇few は「数えられるもの」に、little は「数えられないもの」に使われる。 |
| He | said | **nothing.** | | （ゼロを言った⇒）**何も言わなかった**。 ☞p79 |
| **Nobody** | came. | | | （ゼロ人が来た⇒）**誰も来なかった**。 |
| **No one** | | | | |

# 日本語さくいん

太字は主要ページ。— には見出し語が入る。～ は動詞の原形。p p は過去分詞。O は目的語。

# 英語さくいん

103

**著者プロフィール**

**工藤 三男**（くどう みつお）

早稲田大学商学部卒業、上智大学国際部中退。上智在学中から、テレビの海外取材番組などで通訳・翻訳活動。その後、東京・神奈川で英語教室を経営。現在は教室の経営を退き、専門家とは違った視点で、初学者のための英語学習法について勉強中。
著書 『図解一瞬でわかる英文法』: 2008年 KADOKAWA（中国語版：商周出版）

執筆協力
吉田大輔・中嶋勲・松田智雄・神英樹

**わかりやすい図解英語** —1週間で全基本—

2024年7月15日　初版第1刷発行

著　者　工藤 三男
発行者　瓜谷 綱延
発行所　株式会社文芸社
　　　　〒160-0022 東京都新宿区新宿1-10-1
　　　　　　　　電話 03-5369-3060（代表）
　　　　　　　　　　 03-5369-2299（販売）

印刷所　株式会社フクイン

ISBN978-4-286-23333-8